ÉSTE NO ES EL TÍPICO LIBRO SOBRE EL MEDIO AMBIENTE

ELIN KELSEY

Ilustraciones de
Clayton Hanmer

ÉSTE NO ES EL TÍPICO LIBRO SOBRE EL MEDIO AMBIENTE

Título original: *Not Your Typical Book About the Environment*
D.R. © del texto: Elin Kelsey, 2010
D.R. © de las ilustraciones: Clayton Hanmer, 2010
Publicado en español con el permiso de Owlkids Books Inc., Toronto, Ontario, Canadá.
D.R. © de la traducción: Maia Fernández Miret, 2016

D.R. © Editorial Santillana, S.A. de C.V., 2016
    Av. Río Mixcoac 274, piso 4
    Col. Acacias, México, D.F., 03240

Primera edición: febrero de 2016
Primera reimpresión: junio de 2016

ISBN: 978-607-01-2964-3

Impreso en México

www.loqueleo.santillana.com

SANTILLANA

Esta obra se terminó de imprimir en junio de 2016, en los talleres de Editorial Impresora Apolo, S.A. de C.V. Centeno 150-6, Col. Granjas Esmeralda, C.P. 09810, México, Ciudad de México.

Para Kip, Esmé, Katherine, James, Matthias, Lucas, Alanna, Fiona, Marielle y Sylvie

ADVERTENCIA:

¡ÉSTE NO ES EL TÍPICO LIBRO SOBRE EL MEDIO AMBIENTE!

No está repleto de mensajes apocalípticos sobre la situación del planeta. No les echa la culpa del cambio climático a ti, a tu hermanito bebé ni a tu tío Juan. No se ocupa de problemas enormes y complicados, demasiado grandes para resolverlos. Ah, y la palabra "extinción" casi no aparece. De hecho, es muy posible que leer este libro te haga sentir esperanzado... tal vez hasta feliz.

NOOOO. ¿FELIZ? ¿UN LIBRO SOBRE EL MEDIO AMBIENTE QUE TE HACE SENTIR FELIZ? ¿QUIÉN LO DIRÍA?

ME LLAMO ELIN *y escribí este libro para todos aquellos que adoran la infinidad de cosas maravillosas que hay en el planeta Tierra, desde las sencillas, como nadar en el mar o ver la primera lluvia del año, hasta la emoción de descubrir ideas nuevas y sorprendentes. Hacia donde mires te bombardean con mensajes tristes sobre el futuro de nuestro planeta, así que quise escribir un libro lleno de esperanza sobre el medio ambiente.*

La cosa está así: todas esas ideas tristes son sólo la mitad de la historia. Tú no eres el coco: eres parte de la naturaleza. Estás vinculado con este mundo maravilloso de formas que ni siquiera te imaginas. Las plumas de tu almohada tal vez crecieron en el pecho de un pato criado en China. La espuma de tus animales de peluche se hizo con restos de animales y plantas microscópicos que quedaron enterrados en las profundidades de la Tierra hace 400 millones de años. El aire que respiras bulle de insectos diminutos, semillas y el polen de más de 100 000 especies de plantas con flores. Todas estas conexiones significan que tú tienes poder.

¿Poder para qué? ¡Pues para elegir! Elegir qué te pones, cómo llegas a la escuela, qué comes... Hay infinitas formas diferentes de vivir. Según los investigadores de la felicidad (¡aunque no lo creas, en las universidades hay gente que estudia qué nos hace felices!), estas decisiones pueden hacerte a ti, y a millones de animales y plantas en la Tierra, mucho más felices. En estas páginas descubrirás qué tiene que ver tu videojuego favorito con los gorilas africanos, cómo las botellas de refresco pueden transformarse en chamarras calientitas y cómo cultivar una bicicleta en tu patio. Todo depende de cómo veas el mundo.

¿LISTO PARA EXPLORAR LAS COSAS INCREÍBLES QUE TE CONECTAN CON TODO LO QUE EXISTE EN LA TIERRA?

¡DA VUELTA A LA PÁGINA!

¿Ya es hora? ¡Vas a llegar tarde! Sales de tu cama tibia y te arrastras hasta los cajones.

¡Oigan! ¿Pero qué pasó aquí? Donde deberían estar tus jeans y tus camisetas encuentras mechones de fibras tan blancas y sedosas como patitas de gato que crecen en largos tallos. ¿Y qué es esto? Del cajón de los calcetines y de los ganchos del clóset gotea un petróleo espeso y resbaloso que deja charquitos en el suelo. ¿Dónde quedó tu ropa?

En general no lo ves de forma tan dramática, pero tu ropa se hace con sustancias que estuvieron vivas. Las camisetas y los jeans comienzan como algodón que crece en lugares como India o el sur de Estados Unidos. Los calcetines, trajes de baño, camisetas, piyamas peluditas y chamarras contienen átomos de diminutos organismos acuáticos que nadaron en mares prehistóricos. Desde su nacimiento hasta llegar al centro comercial, esos seres microscópicos murieron, fueron cubiertos de lodo, compactados y calentados en las profundidades de la Tierra hasta convertirse en petróleo. Cientos de millones de años después, los humanos bombeamos el "oro negro" hasta la superficie y lo llevamos a refinerías, donde se convirtió en telas sintéticas como el acrílico o el poliéster. La mitad de las telas que se hacen hoy se fabrican con sustancias hechas de petróleo.

Pero del mismo modo en que a tu cuerpo no le hace bien mucha comida rápida, a la Tierra no le hace bien demasiada moda rápida. Toda esa moda descartable devora materias primas más rápido de lo que el planeta puede reponerlas, y engulle petróleo, que jamás podría reemplazarse. Además, para hacer ropa tan barata las compañías a veces ahorran en seguridad ambiental o le pagan mal a la gente que cultiva y produce sus materiales. El problema es que no puedes ver estos aspectos negativos porque hay muchos pasos entre la cosecha, la fibra, la fábrica, el transportista, el distribuidor y la tienda, y tú nada más buscas una camiseta nueva.

Antes de que todos estos problemas relacionados con la ropa nos convenzan de dejar de usarla (¡brrr!), piensa en esto: en todo el mundo hay expertos que están inventando materiales más seguros y sanos para hacer ropa, y también transforman la ropa que ya no usamos de maneras que jamás imaginaste. *Entonces ponte algo cómodo y da vuelta a la página...*

7

¿CUÁNTA SED TIENE TU ROPA?

¿Cómo hacemos para que todos tengan un guardarropa ecológico y a la moda?

Estilo, color, comodidad, precio... lo último que piensas cuando vas de compras es cuánta agua bebe tu ropa. Pero muchas de tus prendas favoritas tienen una sed casi insaciable. Cada año se venden en el mundo unos 2 500 millones de camisetas. A diferencia de las telas sintéticas, como el poliéster, las fibras de tus camisetas y jeans 100% de algodón se cultivan, no se hacen. El algodón convencional se cultiva de forma intensiva para obtener el mayor rendimiento (más cosecha en menos terreno), y el algodón es una planta sedienta: se necesitan 25 tinas de agua para cultivar el algodón de una sola camiseta. También se usa mucho petróleo para impulsar la maquinaria pesada de las granjas y para hacer fertilizantes, y más petróleo aún para crear las asombrosas cantidades de pesticidas sintéticos que se requieren para prevenir que insectos, ratones y otros animales dañen las cosechas.

La camiseta "perfecta"

Para encontrar opciones más ecológicas, un grupo de diseñadores convocó a un concurso para crear la camiseta "perfecta", hecha con materiales que dañen el planeta lo menos posible. ¿Cuál te pondrías tú? ¡Éstos son los concursantes!

Camiseta A: *Bambú*

Esta planta crece como la de los frijoles mágicos: alcanza un tamaño adulto en tres o cuatro años y no necesita pesticidas. Usa menos agua que el algodón y hasta sobrevive en las sequías.

Pero: Los críticos dicen que el proceso para convertir el bambú en camisetas suavecitas usa muchas sustancias tóxicas.

Camiseta B: *Cáñamo*

El cáñamo también crece muy rápido y necesita mucha menos agua y tierra de cultivo que el algodón.

Pero: Los críticos creen que no debería cultivarse cáñamo porque es un primo de la marihuana. El cáñamo industrial es legal en Canadá, partes de Europa, China e India, pero actualmente no lo es en Estados Unidos.

Camiseta C: *Algodón orgánico*

Los fans adoran los algodones orgánicos porque algunos no se irrigan, sino que usan agua de lluvia, así que necesitan menos agua que el algodón convencional. Para fertilizar sus cultivos o protegerlos de las plagas, los granjeros orgánicos sólo usan sustancias derivadas de fuentes naturales, como plantas o minerales. También recurren a la rotación de cultivos, que enriquece el suelo y da hábitat a aves, abejas y otros animales salvajes.

Pero: Los críticos dicen que el algodón orgánico rinde menos, así que hay que destruir más hábitats naturales para cultivar la misma cantidad de camisetas, que además son más caras. Dicen que orgánico no implica libre de pesticidas. Incluso muchas de las sustancias orgánicas naturales que usan los granjeros son tóxicas.

Camiseta D: Vintage

Comprar camisetas *vintage* en tiendas de ropa usada es la forma perfecta de evitar los costos de hacer nuevas camisetas, ¡porque ya están hechas! Además, son baratas, únicas, y encima se ven increíbles.

Pero: Los críticos dicen: "¡Yo quiero una nueva!".

¿Qué tan ecológico es tu clóset?

Tener un clóset verde no es tan difícil. Posiblemente ya estás haciendo más de lo que te imaginas. Echa un vistazo y anótate puntos por:

- Tener ropa heredada o de segunda mano.
- Tener cosas que has usado por más de un año.
- Pedir prestada una chamarra de esquí o un esnórquel para ir de vacaciones, en vez de comprar unos que casi no usarás.
- No lavar tu ropa después de cada puesta.
- Secar tu ropa en el tendedero.
- Tener una prenda hecha de alguna tela amigable con el medio ambiente.
- Tener alguna prenda que haya sido remendada.
- Ensuciarte la ropa por salir a jugar.
- Donar ropa manchada o desgastada a compañías que fabrican trapos con ella.

Que tu ropa siga siendo ecológica

Casi toda la electricidad que usan las lavadoras sirve para calentar el agua. Cada vez que tú (o la persona que siempre lava... ah, claro, ¡tu mamá!) pones el botón en AGUA FRÍA, todo el mundo se beneficia. Si los canadienses y estadounidenses lavaran su ropa con agua fría, reducirían las emisiones de carbono tanto como si dejaran de circular 10 millones de automóviles al año.

Muchos vecindarios prohibieron los tendederos porque se pensaba que eran feos. Hoy algunos gobiernos permiten que la gente vuelva a secar su ropa en público, y así reducen las emisiones de carbono. ¡Adiós, secadoras chupa-energía!

¡LAS ECOTELAS CRECEN EN TODOS LADOS!

Glamur verde

Hace poco la moda orgánica se limitaba a los pantalones de yoga de algodón orgánico y las camisetas de cáñamo aguadas. Hoy, marcas importantes como Versace o Diesel y diseñadores especializados crean glamur verde. Usan fibras naturales más sustentables, como el bambú, o telas nuevas como el lyocell, una fibra suave hecha de pulpa de madera de bosques sustentables y papel reciclado.

Una fibra de otra camada

Seguro no te imaginas a unos químicos en un desfile de modas, pero gracias a ellos ha habido una explosión de nuevas telas ecológicas. Movidos por la necesidad de encontrar alternativas renovables y menos tóxicas a las fibras sintéticas y el algodón, los químicos están fabricando textiles con materiales insospechados. Un equipo de químicos de Nebraska, por ejemplo, ha desarrollado una combinación especial de sustancias y enzimas para producir, con plumas de gallina, fibras parecidas a la lana, o una tela de paja de arroz que se verá y sentirá como el algodón. Las granjas avícolas desechan millones de toneladas de plumas de gallina y paja de arroz cada año, así que estas innovaciones podrían ser la gallina de los huevos de oro.

Comida de avión

Soya, plátanos, tallos de bambú y vegetales... muchas telas ecológicas suenan comestibles. De hecho, podrías comerte la tela de los asientos de algunos aviones de Lufthansa. La evolución de este notable tejido comenzó cuando el gobierno suizo exigió que los recortes de tela sobrantes se consideraran residuos tóxicos porque contenían una gran cantidad de sustancias peligrosas.

En vez de optar por el camino caro de eliminar los desechos peligrosos o por la ruta poco ética de cambiarse a un país que tuviera menos requisitos de protección ambiental y salud humana, la fábrica Rohner Textil creó una tercera opción: diseñó una tela ecológica que, para empezar, no era tóxica. Tuvo que modificar muchas cosas, desde el origen de sus materias primas hasta la forma en que funcionan sus fábricas, pero tuvo tanto éxito que ahora el agua que usa para la producción ¡sale de la fábrica más limpia de lo que entra! Aunque su nueva tela ecológica no está pensada para servir de alimento, es tan segura que hasta se puede comer.

LAS NUTRIAS MARINAS Y LOS PALITOS DE PESCADO

¿Qué tiene que ver la historia de la moda con el contenido de tu refrigerador?
¡Descúbrelo!

sombrero de piel falsa

1700–1800: La gente rica adoraba los sombreros elegantes, los cuellos y las mangas hechos de piel.

1750–1800: Muchas nutrias marinas atrajeron a los comerciantes de pieles a la costa oeste de EU.

1750–1800: Los vendedores de pieles ganan $$$... pero la población de nutrias pasa de 300 000 a 2 000.

1911: Se firma un tratado internacional que prohíbe matar nutrias marinas.

Poco a poco las nutrias marinas vuelven a partes de su viejo hábitat en Canadá, Estados Unidos y Rusia.

HOY: Las nutrias marinas devoran erizos de mar y otros invertebrados que comen algas, así que los bosques de algas prosperan.

Los bosques de algas sirven como guarderías para los peces bebé.

Los peces bebé se vuelven peces grandes que son devorados por peces depredadores, como la merluza.

Los pescadores atrapan merluzas.

Las merluzas y otros peces se convierten en palitos de pescado que guardas en el refri.

La sobrepesca de merluzas y otros peces les quita comida a los leones marinos y focas. Cuando hay menos leones marinos y focas, las orcas que antes se los comían comienzan a devorar nutrias marinas.

¡Pero hay una manera de ayudar a las merluzas y a las nutrias marinas!

Descarga en tu celular la lista de pescados y mariscos sustentables del programa Seafood Watch: *www.seafoodwatch.org/-/m/sfw/pdf/guides/mba-seafoodwatch-national-guide-spanish.pdf*

... y escoge peces sustentables (como el lenguado del Pacífico) para hacerlos empanizados. Éstos se pescan de formas que el océano puede tolerar para que las nutrias marinas y las orcas vivan sanas y felices.

Invita a una nutria marina a cenar mariscos... ¡pero NO lleves un sombrero de piel!

¿LAS BOTELLAS SON PARA BEBER... O PARA PONERSE?

¡Haz las cuentas!

Botellas de plástico. Están en todos lados y sirven para contener de todo, desde refrescos, agua y jugo hasta productos de limpieza. Cuando reciclas una botella se convierte en otra igual, ¿verdad? No siempre; de hecho, tal vez traigas puesta una vieja botella de jugo de uva. Hagamos algunas cuentas...

25 botellas de plástico = una nueva chamarra de fleece

Si tienen suerte, las botellas de plástico recicladas se convierten en una chamarra de *fleece*. Como las botellas de refresco, la ropa sintética es básicamente plástico y está hecha de polímeros derivados del petróleo. Los polímeros son moléculas grandes formadas por pequeñas unidades químicas repetidas, como las cuentas de un collar. Las botellas se trituran, se limpian, se secan y se derriten. El plástico derretido se mete a presión en una máquina que produce largas fibras que se hilan y tejen para hacerte una chamarra abrigadora.

Una vieja chamarra de fleece + algunas botellas = una nueva chamarra de fleece

Lo bueno del *fleece* es que cuando se gasta puede reciclarse y convertirse en una chamarra nueva. Cada vez más fabricantes de telas se especializan en fibras recicladas. Así, cuando tu vieja chamarra esté demasiado gastada para que la heredes, llévala a una tienda que tenga un programa de reciclaje; la enviarán a una empresa que la convierta de nuevo en poliéster básico, que combinado con materiales nuevos se convertirá en fibra y, ¡tarán!, una nueva chamarra de *fleece*.

Una cadena británica de supermercados fue la primera en crear una línea de camisetas, pantalones y faldas hechos de bolsas de plástico, empaques de comida y hasta bandejas para la carne, que antes sus tiendas tiraban a la basura.

150 chamarras de fleece AHORRAN un barril de petróleo

Sólo la cuarta parte de las botellas de plástico que se usan en Estados Unidos se reciclan. Cada vez que rescatas una botella de plástico y la pones en un bote de reciclado reduces la cantidad de energía, desechos, contaminación y gases de efecto invernadero que resultan de fabricar plástico a partir del petróleo crudo. Esto es importante porque el petróleo es un recurso no renovable. A diferencia de los árboles, que pueden volver a crecer de semillas, el petróleo desaparece para siempre una vez que se agota.

¡Los peces y las tortugas marinas dicen gracias!

Los animales marinos se benefician cuando vas de compras con una bolsa de tela. ¿Por qué? Porque es una bolsa de plástico menos que puede terminar en el océano, completa o en pedazos. Cada año los fabricantes de plástico mandan por barco 260 millones de toneladas de bolitas de plástico llamadas *pellets* a fábricas de todo el mundo. Los *pellets*, pequeños y ligeros como lentejas, se escapan fácilmente de los contenedores y salen volando al mar. Lamentablemente los peces y las aves marinas suelen comérselos, pues los confunden con plancton o huevos de peces. En muchos casos estos animales mueren de hambre, porque en sus panzas llenas de *pellets* no queda espacio para comida.

"No" en cualquier idioma

Cuando dices NO a una bolsa de plástico mandas un mensaje. Desde Taiwán hasta Bangladesh, Irlanda o Tailandia, en todo el mundo hay cada vez más lugares que prohíben o cobran impuestos por las bolsas de plástico no desechables. En 2008 el gobierno chino prohibió a las tiendas regalar bolsas de plástico. En un año, 1 300 millones de personas usaron 40 000 millones de bolsas menos y ahorraron los 1.6 millones de toneladas de petróleo que habrían hecho falta para fabricarlas.

¡DE BASURA A TESORO!

¿Quieres darle altura a tu basura? Hay muchas formas de reutilizar los desechos.

En todo el mundo están apareciendo industrias del reúso que hacen cosas nuevas con la basura. Ya sean restos de comida, ropa vieja o hasta desechos de animales, se llevan todas las cosas que no necesitamos y las convierten en productos sorprendentes. *¡Echa un vistazo!*

cáscaras de coco = redes para prevenir la erosión del suelo
(Filipinas)

piel de salmón = bikinis
(Chile)

pantalones de mezclilla = aislamiento térmico para casas
(Estados Unidos)

orina de cerdo = platos de plástico
(Dinamarca)

bolsas de plástico = llantas de tren
(Reino Unido)

BOLS

anuncios de vinil = bolsas
(Colombia)

ECO fresca

BOLSA

restos de comida = jardines
(En todo el mundo)

composta

¡Hurra, viva!

arena o parásitos diminutos = perlas
(¡Así es! Las ostras de los océanos de todo el mundo llevan mucho tiempo en la jugada!)

¡Qué barbaridad!

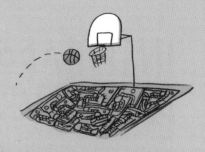

¡Canasta segura!

Cuando tus tenis favoritos están demasiado andrajosos y olorosos para regalárselos a alguien, considera donarlos al programa Nike's Reuse-A-Shoe. Desde que empezó a reciclar zapatos deportivos (acepta de todas las marcas), Nike ha reciclado más de 22 millones de pares. Los tenis se cortan en tres secciones y se trituran para separar los materiales que los componen: hule de la suela externa, espuma de la entresuela y tela de la parte superior. El hule se usa para hacer pelotas y campos de futbol. La espuma se usa para canchas de tenis. La tela se vuelve el relleno que va bajo las canchas de basquetbol. Mira cuántos zapatos se necesitan para construir estos sitios para jugar o hacer deporte:

- *Cancha de basquetbol:* 2 500 pares.
- *Cancha de tenis:* 2 500 pares.
- *Campo o cancha de futbol:* 50 000 a 75 000 pares.
- *Pista de carreras:* 75 000 pares.
- *Parque de juegos:* 2 500 pares.

INSPIRADO EN LA NATURALEZA

Cómo aprovechar los talentos de la naturaleza para diseñar mejores prendas, edificios, máquinas ¡y más!

Bio·mi·me·tis·mo (sustantivo)

El biomimetismo consiste en usar las mejores ideas biológicas de la naturaleza para resolver problemas humanos. O, en otras palabras, preguntar "¿Qué haría la naturaleza?". Tal vez a los humanos nos falte mucho para vivir de forma sustentable en este planeta, pero los 5 a 100 millones de especies con las que compartimos la Tierra han pasado la prueba de fuego y pueden ayudarnos a llegar a ese punto.

Cuando miras un bosque, ¿qué ves? ¿Un montón de árboles? ¿Mucha madera? ¿Qué tal una forma de replantearse por completo la basura? Lo común es hacer productos que sirven por un tiempo y luego acaban en vertederos, pero cada vez más compañías fabrican productos cuyas partes viejas pueden convertirse en algo nuevo. La idea es olvidarse por completo del concepto de basura, inspirados en la naturaleza. Los productos viejos se vuelven materias primas para otros nuevos, igual que la madera de un árbol muerto se desintegra, se convierte en suelo y nutre a las nuevas plantitas.

¿Te preguntas cómo se hace para diseñar algo? Sal de casa y echa un vistazo

No hay que viajar a un lugar exótico para ver cómo funciona la naturaleza: sal al patio y observa cómo cada organismo se ha adaptado con elegancia incluso al hábitat más pequeño. Muchas veces las soluciones tecnológicas que necesitamos para vivir de forma sustentable en este planeta están frente a nuestras narices. El biomimetismo ya se ha usado como modelo para muchos productos: las patas de los osos polares han inspirado tenis para correr; las ortigas de las plantas inspiraron el velcro. ¿De qué otras formas el biomimetismo está cambiando las ideas científicas? ¡Echa un vistazo!

Seda de alto rendimiento:

David Knight y Fritz Vollrath (de la empresa Oxford Biomaterials) diseñan formas de copiar la capacidad de las arañas para hilar la seda sin usar calor o materiales tóxicos. El nuevo material, llamado Spidrex, es súper fuerte y puede usarse para suturas en medicina o ropa protectora para los rescatistas.

Panel solar diminuto:

Devens Gust y Thomas y Ana Moore (de la Universidad Estatal de Arizona) estudian cómo capturan energía las hojas para así crear sistemas de fotosíntesis artificial que puedan producir y almacenar energía en diminutas pilas solares.

Ropa autolavable: Wilhelm Barthlott (del Instituto Nees para la Biodiversidad de las Plantas) y sus colegas imitaron la capacidad natural de las flores de loto para repeler el polvo al crear telas y pinturas con "superficies inteligentes" que prácticamente se lavan solas: el agua toca la superficie y se convierte en gotas que arrastran el polvo con ellas.

Pegamento submarino: Los mejillones se adhieren a las rocas con un pegamento tan fuerte que resiste el embate de las olas. Russell Stewart (de la Universidad de Utah) estudia las propiedades químicas de los hilos súper pegajosos de los mejillones y espera crear pegamentos médicos que se adhieran a superficies húmedas dentro del cuerpo humano.

Banditas de pata de geco: Jeffrey Karp (del Hospital Brigham and Women's) creó banditas cubiertas con millones de columnas que imitan los pelillos nanoscópicos (más chicos que microscópicos) que se encuentran en la planta de las patas de los gecos, llamados *setae*. Los *setae* usan la atracción entre moléculas para que las patas de los gecos se peguen a casi todas las superficies. Estas banditas pronto podrían curar heridas sin necesidad de puntadas.

Curas naturales: Sabrina Krief (del Museo Nacional de Historia Natural de París) y sus colegas observaron en Uganda unos chimpancés que cada mañana comían ciertas hojas mezcladas con polvo y descubrieron que la combinación servía para protegerlos de la malaria, enfermedad mortal que también afecta a los humanos.

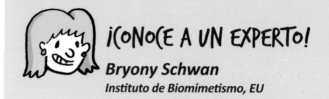

¡CONOCE A UN EXPERTO!
Bryony Schwan
Instituto de Biomimetismo, EU

Bryony creció en Zimbabue. Sus padres la llevaban con frecuencia a la sabana a observar la vida silvestre africana. De adulta pasó muchos años trabajando en temas de conservación, como la deforestación y las sustancias tóxicas, pero se cansó de decirle a la gente lo que no debe hacer y quiso inspirarla con buenos ejemplos de lo que sí debe hacerse. Por entonces su amiga Janine Benyus escribió un libro llamado *Biomimetismo: Innovación inspirada por la naturaleza* y fundó el Instituto de Biomimetismo. Bryony descubrió que esto era a lo que quería dedicarse.

Consejo de Bryony para la próxima década: no te encasilles

Mientras más avanzas en la escuela, más especializados se vuelven tus estudios: si uno decide volverse ingeniero, tiende a estudiar sólo matemáticas y física. Pero Bryony cree que los niños deberían seguir estudiando arte y biología, sin importar qué quieran ser de grandes. Hoy tantas universidades quieren incluir el biomimetismo en sus cursos de ingeniería y de diseño que ella y sus colegas en el Instituto de Biomimetismo no pueden satisfacer la demanda. Ésa es una buena noticia si queremos formar personas a las que se les ocurra preguntar "¿Cómo resolvería esto la naturaleza?".

19

¡Mmm... galletas! El olor que sale del horno se extiende por toda la casa y hace rugir tu estómago.

Pero espera: ¿hecho en casa es lo mismo que casero? ¿Cuánto tuvieron que viajar esos ingredientes antes de que los midieras y mezclaras y cocinaras en tu horno? Resulta que hasta la más humilde galleta de chispas de chocolate ha tenido que hacer un largo viaje para llegar hasta tu panza.

Hace unos 9 000 años, los humanos empezaron a pasar de cazar y recolectar a cuidar animales y plantar semillas. Así nació la agricultura, y cambió nuestra forma de alimentarnos. A diferencia de las ballenas grises, que para encontrar comida nadan desde las lagunas en las que nacen en México hasta el Ártico —equivalente a dar 320 000 vueltas a una alberca olímpica—, nosotros esperamos que la comida viaje hasta las tiendas en las que la compramos. Se necesitan cantidades enormes de combustibles fósiles para cultivar, procesar, empacar y transportar muchos de los alimentos que comemos. Nos hemos acostumbrado a comer todo el año alimentos de otras partes fuera de temporada. Todos esos plátanos, naranjas y fresas que comes a mitad del invierno tienen que venir de algún lugar cálido que puede estar mucho muy lejos.

Esto nos lleva de regreso a esa galleta con chispas. Sí, la horneaste en casa, pero seguramente la vainilla que usaste vino de Madagascar, el azúcar de Brasil, y las chispas están hechas con granos de cacao cultivados en África Occidental. Son muchos viajes, o kilómetros-comida. Un periodista de ciencia quería saber cuánto combustible se necesitaba para llevar una comida hasta él, así que calculó cuánto petróleo se usaba para hacerle llegar suficiente avena, frambuesas orgánicas congeladas y café de comercio justo para los desayunos de una semana. ¿El resultado? ¡Dos litros! Si los pones en tu coche, tu familia podría hacer los mandados por sus rumbos para toda una semana.

Ya sea el desayuno, la comida o la cena, cada alimento que tomas suele incluir ingredientes de al menos cinco países. Para nosotros y para las especies animales con las que compartimos el planeta es importante tener en cuenta el origen de nuestra comida, y la forma en que se cultiva y se transporta, porque usamos más de una tercera parte de la superficie de la Tierra para nuestros cultivos y para alimentar el ganado y otros animales que comemos. Es sorprendente, si piensas que todas las ciudades juntas ocupan apenas el 3 % de la superficie terrestre.

Esto es lo importante: por todos lados están surgiendo nuevas ideas para alimentarnos a ti, a mí y al resto de los 6 800 millones de habitantes de la Tierra en formas que el planeta pueda sustentar. El reto es juntarlas para producir suficiente comida y tener un mundo sano y feliz. ¿Suena imposible? *Veamos...*

LA BATALLA POR TU PANZA

¿Ves esa comida en tu plato? ¿Cómo llegó ahí? ¿Y cuál es la mejor forma de cultivarla?

¿Quién puede responder tus preguntas sobre la comida? Lo mismo un economista que un científico o un granjero de overol que está arando un campo. Esto es porque buena parte de los cultivos del mundo los realiza la agricultura industrial, que se basa en conocimientos científicos y mecánicos para cultivar más comida, más barata y en menos terreno. Pero a muchas personas les preocupa que los métodos de la agricultura industrial afecten nuestra salud y el planeta, y prefieren los métodos naturales y orgánicos. Se trata de una GRAN batalla entre dos formas de obtener alimento. ¿Tú a quién le vas?

CAPITÁN AGRICULTURA INDUSTRIAL

¿Quién es el Capitán?

Las gigantescas granjas del Capitán producen casi todas las frutas y verduras de la tienda, y se especializan en uno o unos cuantos cultivos. Los fertilizantes hechos con petróleo y los pesticidas protegen sus cosechas de los insectos y las ayudan a crecer rápido. En el laboratorio, el Capitán crea cultivos genéticamente modificados que proveen ingredientes para más de la mitad de los productos que se venden en los supermercados, desde pan hasta tomates, cereales y aderezo para ensalada.

¿Nos ayuda?

Como cultiva más comida barata en menos tierra, la agricultura industrial evita que se desmonten más áreas naturales para la labranza. Muchos opinan que es la única forma de producir suficiente comida para la cantidad cada vez mayor de personas que viven en el planeta.

¿O nos hace daño?

No todos quieren al Capitán. Quienes prefieren la agricultura sustentable dicen que usa toneladas de combustibles fósiles que se están acabando y no pueden reemplazarse. También usa tanta agua que áreas antes fértiles se han vuelto desiertos. Sus pesticidas y fertilizantes pueden contaminar el agua y matar ranas, aves, peces y otros animales.

¿Héroes o villanos? ¡Ojalá fuera tan fácil!

El reto de cultivar comida, claro, es que resulta complicado. Hay mapas que muestran que la Tierra se está quedando rápidamente sin tierras de cultivo fértiles. Al mismo tiempo, la población del planeta ¡crece, crece y crece! ¿El Capitán Agricultura Industrial es un héroe porque puede producir grandes cantidades de comida? ¿O es un villano

VS. GRANJEROS SÚPER SUSTENTABLES

Conoce a los nuevos granjeros

En todos lados hay nuevas formas de cultivar que son mejores para la tierra, el agua, el aire y otras especies. Los ganaderos biodiversos, por ejemplo, llevan a su ganado por diferentes pastizales en fechas que maximizan la producción de carne y protegen plantas y animales silvestres susceptibles. Compara una foto de satélite de la región de Sahel en Níger, África, con una tomada hace 30 años y verás que hoy es mucho más verde: crecen millones de árboles gracias a granjeros pobres que cuidaron las plantitas y las protegieron al arar para sembrar cacahuate, frijol y mijo. Los granjeros comen los frutos y alimentan a su ganado con las vainas de las semillas. Cortan ramas y las venden. Las raíces

mantienen el agua en el suelo, en vez de que inunde poblados y destruya cosechas. Los árboles alojan 85 especies de aves migratorias que pasan sobre tu casa cada invierno en su camino a Níger. Donde una vez hubo desierto, hoy florece un oasis.

¿Alimentan a todos?

El Capitán Agricultura Industrial dice que la agricultura orgánica y otras estrategias están bien en pequeñas dosis, pero que jamás podrán producir comida suficiente para todo el mundo. Los Granjeros Súper Sustentables dicen que si cultivan muchas clases diferentes de alimentos que sean adecuados para cada lugar, en granjas de muchos tamaños, pueden proveer suficiente comida y mantener limpia el agua y sanos los ecosistemas del suelo.

porque usa mucha agua y sustancias derivadas del petróleo? No se trata de si es bueno o malo: hay que combinar de forma creativa distintos estilos de agricultura para producir comida suficiente y reducir nuestra necesidad de combustibles fósiles, mejorar la calidad del agua y de la tierra, y preservar la vida y los lugares silvestres.

DECODIFICADOR

¡Decodificador de palabras clave de la agricultura ecológica!

Actualmente, cuando la gente habla sobre agricultura emplea muchos términos distintos, pero ¿qué significan? ¡Hagamos una rápida revisión!

Orgánico: La comida de producción orgánica sigue un sencillo principio: los animales nutren el suelo que nutre las plantas. La agricultura orgánica prohíbe el uso de sustancias sintéticas (hechas por el ser humano), aunque puede usar sustancias que vengan de plantas, minerales u otras fuentes naturales.

Comida local: Es comida que se cultiva o produce en tu comunidad o región, por lo general a menos de 160 km de tu casa.

Biodiversidad: Es la diversidad de especies y hábitats en un lugar particular. El bosque tropical del Amazonas, por ejemplo, tiene una gran biodiversidad natural porque viven ahí cientos de miles de especies de plantas y animales. Plantar en las orillas de los campos de cultivo setos vivos que aves e insectos puedan aprovechar es un ejemplo de agricultura biodiversa.

Agricultura sustentable: Busca producir cosechas de formas que no destruyan el ambiente, la salud o los medios de vida de las generaciones actuales o futuras. No es sustentable obtener grandes rendimientos con técnicas que provoquen sequías, erosión del suelo y malas cosechas en 20 años.

Rendimiento: El tamaño de la cosecha que se obtiene por unidad (como hectárea o fanega) en un tiempo determinado.

CULTIVAR PARA LA CIUDAD

¿No sería genial que las grandes ciudades cultivaran su propia comida? ¡No es una locura!

Ahora sabes que cultivar parte de tu comida ahorra kilómetros-comida. Pero, ¿qué pasa si tú, como más de la mitad de las personas en el planeta, vives en una ciudad abarrotada? No temas. La agricultura urbana es una nueva tendencia que aparece en lugares sorprendentes. En terrenos baldíos y balcones de cemento crecen tomates, chícharos, calabazas y otros vegetales. En viejas vías del tren y patios traseros florecen manzanas, duraznos y ciruelas. En Londres, Inglaterra, una amigable guerrilla de jardineros se reúne cada año para cosechar la lavanda que siembra en los camellones de la ciudad. En todos lados hay espacios que se convierten en jardines urbanos.

Jitomates en el techo, chícharos en la pared

¿Por qué limitarte al suelo si puedes cultivar cosas en los edificios? En la Universidad McGill, en Montreal, hay alumnos y voluntarios que siembran vegetales en el techo de un edificio y donan los productos para programas de ayuda a las personas necesitadas. Si vas en globo hasta el nuevo centro de convenciones de Vancouver, descubrirás un prado de plantas nativas donde zumban las abejas. Los techos verdes, cubiertos de tierra y plantas, se han vuelto comunes en muchos países europeos, como Alemania, Suiza y los Países Bajos. En el museo CaixaForum de Madrid hay un muro verde con unas 15 000 plantas de 250 especies distintas.

Las calabazas están en el piso 14

El gran reto de cultivar en la ciudad es encontrar espacios abiertos. Las ciudades tienen ese problema con las casas; por eso se construyen rascacielos, en los que viven cientos de personas sobre un terreno pequeño. Hoy los ingenieros tratan de hacer lo mismo con los sembradíos: tal vez pronto tengamos en los rascacielos de las ciudades granjas verticales que produzcan comida todo el año. Al ir hacia arriba en vez de a los lados, las granjas verticales ocupan menos espacio que las tradicionales. Los científicos han diseñado prototipos para una granja de 30 pisos y del tamaño de una cuadra que podría producir suficiente comida para 50 000 personas al año.

Los primeros granjeros verticales

En la naturaleza hay cultivos verticales desde hace millones de años. Los orangutanes se mueven lentamente por las selvas tropicales del sur de Asia. Comen, luego hacen caca, y así dispersan las semillas que se convertirán en la siguiente generación de árboles.

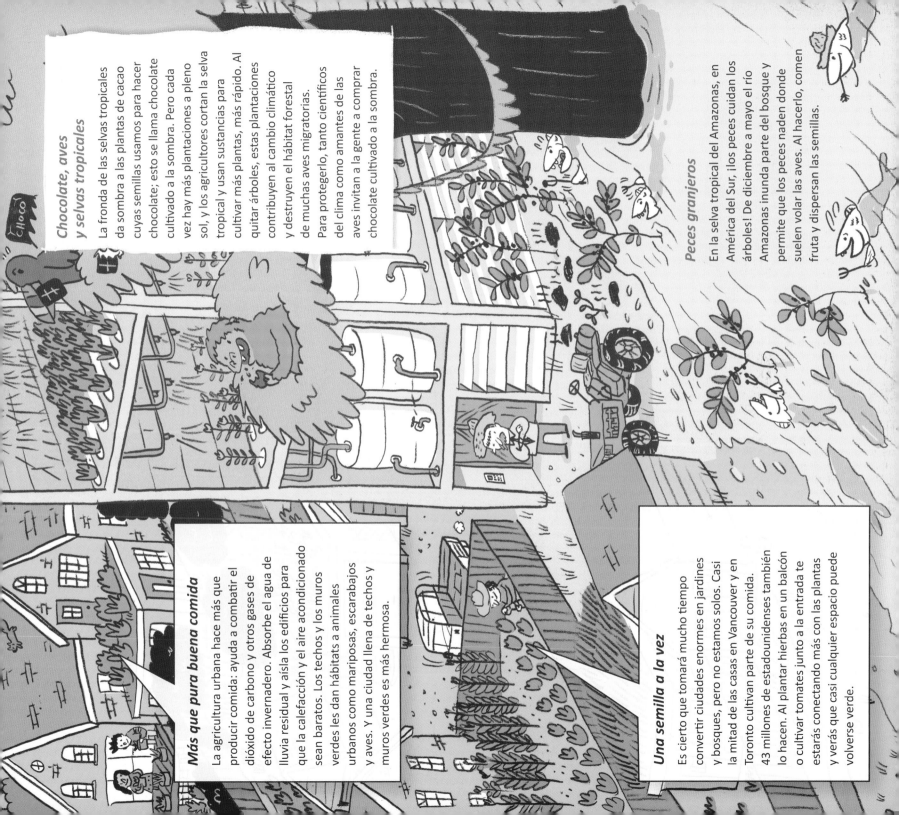

Chocolate, aves y selvas tropicales

La fronda de las selvas tropicales da sombra a las plantas de cacao cuyas semillas usamos para hacer chocolate; esto se llama chocolate cultivado a la sombra. Pero cada vez hay más plantaciones a pleno sol, y los agricultores cortan la selva tropical y usan sustancias para cultivar más plantas, más rápido. Al quitar árboles, estas plantaciones contribuyen al cambio climático y destruyen el hábitat forestal de muchas aves migratorias.

Para protegerlo, tanto científicos del clima como amantes de las aves invitan a la gente a comprar chocolate cultivado a la sombra.

Peces granjeros

En la selva tropical del Amazonas, en América del Sur, ¡los peces cuidan los árboles! De diciembre a mayo el río Amazonas inunda parte del bosque y permite que los peces naden donde suelen volar las aves. Al hacerlo, comen fruta y dispersan las semillas.

Más que pura buena comida

La agricultura urbana hace más que producir comida: ayuda a combatir el dióxido de carbono y otros gases de efecto invernadero. Absorbe el agua de lluvia residual y aísla los edificios para que la calefacción y el aire acondicionado sean baratos. Los techos y los muros verdes les dan hábitats a animales urbanos como mariposas, escarabajos y aves. Y una ciudad llena de techos y muros verdes es más hermosa.

Una semilla a la vez

Es cierto que tomará mucho tiempo convertir ciudades enormes en jardines y bosques, pero no estamos solos. Casi la mitad de las casas en Vancouver y en Toronto cultivan parte de su comida. 43 millones de estadounidenses también lo hacen. Al plantar hierbas en un balcón o cultivar tomates junto a la entrada te estarás conectando más con las plantas y verás que casi cualquier espacio puede volverse verde.

CONOCE A UN CHEF LOCAL

Luke Hayes-Alexander

*Restaurante Luke's Gastronomy,
Kingston, Ontario, Canadá*

Cómo un muchacho convirtió su amor por la comida en un restaurante único

Luke nació en 1990 y creció en el restaurante de sus padres. Cuando tenía 11 años decidió aprender, él solo, cómo ser chef y dedicarse a preparar alimentos que se cultivan o crían en la zona donde vive. Sus papás lo ayudaron enseñándole todo lo que sabían; hizo muchos experimentos, leyó sobre cocina y escribió diarios repletos de recetas que inventó. Finalmente, cuando tenía 15 años, Luke se convirtió en el chef ejecutivo de Luke's Gastronomy.

¿Comida local en medio del invierno?

Kingston está cerca de Ottawa, la capital de Canadá y una de las capitales más frías del mundo. Luke admite que a mitad del invierno le irrita un poco ver un recetario lleno de frutas tropicales cuando lo único que tiene son raíces y manzanas. Pero estar comprometido con los alimentos locales lo obliga a ser creativo. Cuando prepara chirivías de invierno usa una receta romana que tiene cientos de años: unas especias, un toque de hierbas, un poco de queso y miel y vino blanco... Todo junto crea un sabor deliciosamente complejo. ¡Hasta las chirivías pueden ser exquisitas!

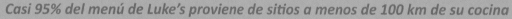

Casi 95% del menú de Luke's proviene de sitios a menos de 100 km de su cocina

Al principio resultó pesado buscar ingredientes producidos en la zona, pero ahora que Luke tiene una excelente red de granjeros y proveedores de donde elegir, es más fácil. En las mañanas va de compras al mercado local —uno de los más antiguos de Canadá—, donde llega comida de 30 granjas pequeñas del área. Luego vuelve al restaurante a preparar la comida del día. Cuando el restaurante abre, Luke está emplatando la comida que preparó según lo que ordenaron los clientes. Cuando cierra, es hora de limpiar para el día siguiente.

Gustos globales, sabores locales

Luke se inspira mucho en la historia y en otras culturas de todo el mundo. Le encanta descubrir qué se comía hace miles de años. Lo que más le gusta es combinar sabores muy antiguos, venerables y tradicionales, con sabores nuevos y experimentales. Dos épocas, un plato. En particular, Luke adora el salami de hinojo silvestre que prepara con el estilo tradicional de la Toscana.

Cocinar para ser feliz

No importa cuán interesante sea la comida o qué tan antigua la receta, lo que Luke prefiere es crear platillos que hagan felices a las personas. Cuando están en una atmósfera muy agradable, comiendo platillos absolutamente deliciosos y con la mamá de Luke atendiéndolas a las mil maravillas, se sienten contentas. Luke es tan feliz preparando la comida como ellas comiéndola.

CONSEJOS DE LUKE PARA COMER PRODUCTOS LOCALES

1. Compra a pequeños productores.

2. Ordena comida local en línea. Aunque no lo creas, muchos pequeños granjeros tienen sitios de internet en los que puedes pedir.

3. Encuentra una compañía que reúna comida de varias granjas locales y te la entregue en tu puerta.

4. En el supermercado, lee las etiquetas para encontrar alimentos que se produzcan cerca de casa.

La década que viene

Comer alimentos locales se ha vuelto algo muy popular; Luke cree que será una parte normal y cotidiana de nuestras vidas. Es una buena noticia, dice, porque comer lo que se produce en nuestra zona estimula a más gente a seguir en la agricultura y nos ayuda a entender la comida como un vínculo con la comunidad. Además, ha descubierto que la comida local es más rica y tiene mejor textura, porque no ha sido apachurrada durante largos trayectos, y es más probable que la comamos en temporada. Si vas a una granja local y pruebas un durazno maduro y jugoso justo a mitad del verano, saborearás la diferencia.

27

EL VALOR REAL DE LA NATURALEZA

¿Alguna vez te preguntaste cuánto vale un bosque y todas las cosas que hace por nosotros y por nuestro entorno? Ésa es una de las grandes preguntas que la economía ecológica nos ayuda a responder.

E-co-no-mí-a e-co-ló-gi-ca (sustantivo)

La forma en que un país maneja su dinero y sus recursos (trabajadores, tierras) para producir, comprar y vender bienes y servicios dentro de los límites naturales de la Tierra.

Se vende: un planeta

Imagínate que eres un ser todopoderoso que está organizando una venta de garage para el universo. ¿Qué precio le pondrías a la naturaleza? O haz de cuenta que una selva tropical trabaja para tu empresa. ¿Cuánto le pagarías por todo lo que hace para el planeta? Un equipo de economistas ecológicos calculó el valor de todos los servicios que la naturaleza le brinda a la Tierra, y que incluyen cosas como agua limpia, aire limpio, tierras fértiles... Obtuvieron la pasmosa cantidad de 33 billones de dólares al año. Si gastaras un millón de dólares al día te tomaría 9 000 años alcanzar esa cantidad.

La oferta por los bichos empieza en 57 000 millones

Son tan chicos que casi nunca pensamos en ellos, más que para espantarlos, pero si tuviéramos que pagarles a los insectos todo lo que hacen por nosotros, necesitaríamos una fortuna. Hace poco un equipo de economistas ecológicos calculó el valor mínimo del trabajo que los insectos hacen gratis en Estados Unidos. Los insectos son comida para la vida silvestre que sostiene una industria del esparcimiento de 50 000 millones de dólares. Los insectos nativos aportan más de 4 500 millones en control de plagas, polinizan 3 000 millones en cosechas y limpian pastizales y les ahorran a los ganaderos más de 380 millones. Sin los bichos que nos dan de comer y descomponen nuestros desechos, los humanos —y casi toda la vida en la Tierra— no existiríamos. ¡Gracias, bichitos trabajadores!

Ésa es una idea capital

Los economistas llaman *capital* a cualquier cosa que tenga valor. Bicis, zapatos, casas y otras cosas hechas por la gente se llaman *capital físico*. *Capital financiero* es el nombre elegante que se da al dinero, ya sean dólares, pesos o euros. *Capital humano* se refiere a valores como el conocimiento, las habilidades y la buena salud. Por ejemplo, un país que tiene muchos doctores y maestros es rico en capital humano.

Los economistas ecológicos le prestan mucha atención al *capital natural.* No es muy difícil calcular en cuánto comprar o vender madera o pescado; lo que es más complicado es estimar el valor de las cosas que hace la Tierra para mantener la vida. Por ejemplo, el agua de tu llave puede haberse purificado en un humedal, o tal vez en el sistema de raíces de un bosque completo. ¿O cuánto control de plagas le ofrecería un área de tierra protegida a la gente que vive a su alrededor? Los economistas ecológicos crean programas y mapas SIG (sistemas de información geográfica) que les facilitan a los proyectistas responder esta clase de preguntas.

¡El dinero habla!

¿Para qué calcular estas cifras? Los economistas ecológicos descubrieron que el valor económico total de un bosque es al menos tres veces mayor que el valor de su madera para construir o quemar. Estos expertos dicen que la mejor forma de conservar la naturaleza es demostrar que vale mucho... pero viva.

¡CONOCE A UNA EXPERTA!
Gretchen Daily
Universidad de Stanford, EU

Gretchen vivió parte de su vida en California y siempre le gustó el aire libre. Su familia se mudó a Europa en una época en que la gente estaba muy preocupada por la contaminación. Vivió en Alemania, donde los bosques y los lagos son muy valorados, pero aún así se acidificaban. Inspirada en gente que aprovechaba los grandes movimientos sociales para exigir soluciones a los problemas ambientales, se convirtió en economista ecológica.

Sus predicciones para esta década

Hoy los inversionistas determinan el valor de la tierra simplemente calculando lo que puede construirse, extraerse o cultivarse sobre ella. Gretchen piensa que en esta década los desarrolladores usarán nuevas herramientas que les ayudarán a reconocer el valor económico de la naturaleza y a tomar decisiones acordes con él.

¿Qué empacarías para ir a la Luna?

¿Una máquina de helados? ¿Una linterna? ¿A tu perro? A Gretchen le gusta incitar a la gente con esta pregunta porque demuestra lo dependientes que somos de la Tierra: nos da comida, bebida, refugio, ropa y diversión. Nos proporciona un soporte vital básico, como un clima estable y agua pura. No podríamos sobrevivir sin el capital natural que obtenemos gratis de la Tierra.

¡HISTORIAS DE LA LONCHERA!

Algas en tu helado, bichos en tu... bueno, en todo. ¡No creerás las cosas que vas a comer!

Por lo general piensas que la comida viene de cosas como frutas, vegetales o pollos criados para la alimentación, pero muchos de tus sabores favoritos tienen relaciones inesperadas con plantas y animales silvestres que viven en la tierra o en el océano.

Si te gusta el helado, haz un brindis por el océano

Las algas y las plantas marinas microscópicas producen cerca de la mitad del oxígeno del planeta. Ciertas algas marinas son parte importante de las dietas asiáticas y se usan en comidas como el sushi. Pero, ¿a que no adivinas qué les da cremosidad al helado y la pasta de dientes, qué hace que la margarina sea espesa y que la pintura de tu pared no se embarre? Una de las plantas que más rápido crecen: las algas pardas. Puede crecer tanto como tu brazo en un solo día. Hasta la llaman la planta Cenicienta gracias a sus útiles cualidades.

Tal vez no diga "algas" en la etiqueta, pero...

Las algas pardas ejemplifican bien cómo ciertas plantas que no considerabas sabrosas son parte importante de tus golosinas favoritas. Cuando vayas a la tienda cuenta cuántos ingredientes de alga, como algina o carragenina, ves en aderezos, mermeladas, salsas, sopas, dulces cremosos, cosméticos y medicinas. Padre, ¿no? Aunque no las comas, las plantas acuáticas pueden participar de otras formas en tu comida. Las algas pardas tienen unas primas diminutas: algas unicelulares llamadas diatomeas, con cuerpos muy complejos hechos de sílice. Los productores de jugo de manzana cuelan el líquido, que naturalmente es turbio, en filtros hechos de los esqueletos de sílice de estas microscópicas joyitas flotantes del mar.

Hablando de comida...

Bueno, ya admitiste que te gusta comer algas. ¿Qué opinas sobre los bichos? Si jugaras futbol con un grupo de amigos en África Central tal vez harías una pausa para comer unas cuantas hormigas o larvas en vez de pasas o galletas. Tras un concierto en el sureste de Asia saldrías a la calle a comprar grillos asados en un puesto callejero. En más de 100 países, a la gente le gusta la entomofagia, el fino arte de comer bichos. Últimamente han aparecido insectos en los menús de algunos de los restaurantes más elegantes de Estados Unidos y Europa.

De todos modos ya comes algunos insectos

Comer insectos es una buena forma de reducir tu huella ecológica (más sobre esto en la página 46). Son súper bajos en grasa, altos en minerales y proteínas, y se crían de forma mucho más sencilla, limpia y eficiente que la res o el cerdo. ¿No te convences? Lo sentimos, pero es imposible eliminar por completo los insectos de nuestra comida. Los gobiernos han creado normas sobre cuántas partes de bichos se permiten en la comida empacada. El chocolate puede tener 60 fragmentos de insecto por cada 100 gramos, y en una caja de macarrones con queso se permiten hasta 225. Cada año comemos cerca de un kilo de fragmentos de insecto. Pero no te preocupes: según los nutriólogos, nos hacen estar más sanos.

Más razones para agradecerles a los bichos (y también a los peces)

Aquí tienes un acertijo: ¿cómo le hacen los peces de estanque que jamás te comerías para llevar comida a tu plato? ¡Qué bueno que preguntas! Las libélulas adultas comen muchas abejas, mariposas y otros insectos polinizadores. Pero los peces de los estanques comen larvas de libélula. Si cuidas un estanque, los peces crecerán allí, y el resultado es una cascada inesperada: a más peces, menos libélulas, más abejas, más polinización de plantas y, a fin de cuentas, más comida para ti.

Los héroes de los amantes del chocolate

Cuando estás en la playa y los jejenes te pican en el cuello, no gritas "¡hurra!", así que tal vez tampoco te impresione que batan sus alas más rápido que cualquier otro ser de la Tierra (¡1 000 veces por segundo!) o que sean tan pequeños que entren fácil en la cabeza de un alfiler. Pero, ¿sabías que son los únicos polinizadores del cacao cultivado? ¡Sí, es la planta de cuyos granos se hacen tus chispas de chocolate! ¡Hurra!

Cuidado dónde pisas

La próxima vez que juegues en el campo reflexiona sobre todas las bestias que viven allí. En todo el planeta, en cada trozo de tierra habitable del tamaño de un bloque de banqueta viven en promedio 10 000 insectos. Los seguidores estrictos del jainismo, una de las religiones más antiguas, creen en *ahimsa* (evitar el daño) y usan puntas diminutas en la suela de los zapatos para reducir la posibilidad de pisar todos esos preciados insectos.

ELIN EXPLICA

QUÉ TIENEN QUE VER LAS ABEJAS CON TUS HAMBURGUESAS Y LA PAZ MUNDIAL

HACE MILES DE AÑOS: Los ancestros de las abejas mieleras modernas vivían en África. Gracias a que la gente las llevó de un lugar a otro a lo largo de la historia, hoy las vemos en casi en todo el planeta...

HOY: ... incluyendo tu parque favorito, arruinando un agradable día de campo. ¡Oigan!

Pero espera un segundo. Sin estas maravillas aladas desaparecería casi todo tu picnic. En serio.

Las abejas son polinizadores. Llevan el polen masculino de unas flores a las partes femeninas de otras. Sin la polinización, las nuevas plantas no crecerían.

Uno de cada tres bocados de la comida que consumes depende del asombroso poder polinizador de las abejas, ¡sin descartar la carne!

La dieta del ganado y muchos otros animales incluye alfalfa, trébol y otros cultivos para forraje que las abejas polinizan.

Además algunas abejas también hacen miel, que a los humanos (y a los osos) les encanta.

Pero las abejas hacen más que cuidar el jardín. ¡Unas suertudas también están entrenando en las fuerzas de paz!

En países que se recuperan de la guerra, como Croacia, unos científicos entrenaron abejas para que con su increíble sentido del olfato hallen explosivos, bombas y minas terrestres que impiden que la gente cultive.

HACE UNOS AÑOS: Apicultores de Estados Unidos, Canadá, Australia, China, Brasil y Europa reportaron la desaparición de millones de abejas obreras. Colonias antes muy animadas se volvieron pueblos fantasma.

¿Qué está matando a las abejas? Es un misterio en busca de respuesta.

Ciertos investigadores creen que unos ácaros parásitos se hicieron resistentes a los pesticidas e infestan a las abejas, a las que así virus o bacterias atacan más fácil.

Otros científicos creen que unas sustancias que se usan en los cultivos o jardines afectan la memoria de las abejas, que ya no pueden regresar al panal.

Ayuda plantando jardines para abejas y conservando los tocones de los árboles, donde construyen panales. Busca en línea o en un vivero qué plantas les gustan.

Las abejas a las que ayudes seguirán llevando comida a tu mesa. ¡Vivan, pequeñas heroínas rayadas!

¿CUÁL ES EL LÍQUIDO MÁS VALIOSO DEL UNIVERSO?

¡El agua!

¡Pitido! El árbitro toca el silbato y sales tambaleante de la cancha, en busca de una GRAN bebida. Agua, jugo, bebidas deportivas... tomarías leche de yak si no hubiera de otra. Tu cuerpo necesita unos dos litros de agua al día. No sobrevivirías más de tres días sin ella. Pero la mayor parte del agua que usamos los humanos no es para beber ni para bañarse: la agricultura industrial emplea unas cantidades impensables de agua para cultivar nuestra comida. Se usan al menos 2 000 litros para producir un solo día de comida para cada humano. De hecho, la irrigación exige tanta agua que usa más del 70 % del agua fresca que empleamos en la Tierra. Muchas personas opinan que ya es hora de que aprendamos a cultivar comida de formas que ahorren agua. Después de todo, es el líquido más valioso del universo.

Siga esa agua

Es lo que hacen los astrónomos (científicos que estudian el espacio) cuando escrutan el universo en busca de señales de vida. De hecho, el agua está en todos lados, desde las enormes nubes de polvo interestelar hasta las rojas planicies de Marte, pero casi siempre en forma de hielo, que no puede albergar vida. Con ayuda de Herschel, el mayor telescopio óptico, científicos canadienses y europeos están buscando agua líquida en diferentes ambientes espaciales.

En nombre de un agua más sana y limpia

Es difícil imaginar que haya gente con sed en un planeta con tanta agua. Sin embargo, a cerca de mil millones de personas les cuesta mucho trabajo encontrar agua potable. En los países más pobres, los niños y las mujeres viajan todos los días 6 km en promedio para conseguir agua, que tal vez no esté lo suficientemente limpia para beberse. Organismos internacionales como el Fondo de Naciones Unidas para la Infancia (UNICEF) trabajan en países de todo el mundo para cambiar eso. ¿Cómo le llevarías agua a la gente que la necesita? Aquí hay algunas ideas para inspirarte.

- *Filtro de agua en una taza:* Un grupo de artistas llamado Alfareros para la Paz y científicos del Instituto Tecnológico de Massachusetts buscan producir filtros de cerámica baratos que quepan en una taza y purifiquen el agua mientras la bebes.

- *Filtro de agua en un popote:* Un popote llamado Lifestraw permite beber sin problemas de un charco lodoso o de una fuente de agua desconocida.

- *Tú corres, él bombea:* PlayPumps usa carruseles especiales para bombear agua limpia de un pozo comunitario cuando los niños juegan.

- *Cuando llegues a casa...:* Aquaduct es el prototipo de un triciclo tamaño adulto con un gran tanque de agua en la parte posterior. Al pedalear se hace pasar el agua por un filtro y hacia otro tanque desmontable en el frente.

- *Finalmente...:* Firma un acuerdo internacional de las Nacionales Unidas que dice que todos en la Tierra tienen derecho a agua potable.

¿Tienes sed? Abre la llave

Mientras tanto, aquí en el planeta Tierra es fácil comprobar por qué dicen que Canadá es un país rico en agua. Sólo Brasil y Rusia tienen más agua fresca renovable. Sin embargo, en vez de abrir la llave de la cocina, los canadienses consumen más de 2 000 millones de botellas de agua al año. En Estados Unidos —que también tiene importantes fuentes de agua fresca— la gente consume más agua embotellada que cerveza, café y leche juntos. ¿De dónde sacan tanta agua en botellas?

Las fábricas queman 18 millones de barriles de petróleo y consumen 155 000 litros de agua fresca al día sólo para hacer agua embotellada que casi nadie necesita en ese país. Por eso cada vez más ciudades, como Nueva York, San Francisco y París, están poniéndole el tapón al agua embotellada. En vez de eso promueven el agua de la llave como una alternativa sana y segura a las botellas de agua, caras y poco amigables con el medio ambiente.

CAPÍTULO TRES
TECNOPLANETA
¡ES UNA CÍBER REVOLUCIÓN!

¡Bip! ¡Dong! ¡Zum!
¿Es tu teléfono o alguien está jugando en una computadora?

Los sonidos de las computadoras son una parte tan normal de tu vida que tal vez no te des cuenta de lo nuevos que son en el planeta. Perteneces a una de las primeras generaciones en la historia que han conocido las computadoras personales durante toda su vida. Gracias al GPS (sistema de posicionamiento global) también formas parte de la primera generación que tal vez nunca sepa lo que se siente perderse, y de la primera que juega en mundos virtuales tan reales que tal vez se sienten más cómodas en un videojuego de Sims que en el parque de la esquina.

¡Esta cíber revolución está ocurriendo muy rápido! La velocidad de las computadoras se duplica cada dos años, más o menos, y como salen a la venta modelos más delgados y portátiles, es fácil seguir comprándolas. Pero todas esas novedades vienen con un enorme precio ambiental. Cada día en Estados Unidos se tiran 130 000 computadoras y el doble de celulares. La tecnología escupe tan rápido este nuevo tipo de basura letal —basura electrónica— que se ha creado un nuevo comercio en basura internacional.

En muchos lugares esto es ilegal, pero la basura electrónica con frecuencia se envía y se tira en los países más pobres, donde las leyes ambientales no son tan estrictas. La gente que menos puede comprar computadoras caras termina viéndoselas con los desechos letales que producen esas computadoras. Y sin embargo, hay una conexión sorprendente: YouTube, las noticias en línea y otros medios basados en las computadoras hacen más fácil denunciar estos problemas ante el mundo... ¡y emprender acciones para resolverlos!

Gracias a esta tecnología, también puedes conectarte con los animales del planeta como nunca antes. Más de tres millones de usuarios de internet, por ejemplo, se conectaron para ver cómo 11 tortugas laúd en peligro viajaron 6 000 km desde las heladas aguas de Canadá, donde se alimentan, hasta las playas del Caribe, en las que desovan. Ver el mundo a través de los ojos de una tortuga fue tan enternecedor que muchas de estas personas empezaron a trabajar para protegerlas.

Etiquetas satelitales en las aletas de las ballenas, microchips en las alas de las mariposas, los teléfonos celulares, las cámaras digitales y otras tecnologías cibernéticas registran detalles increíbles de la vida silvestre. ¿Quieres ver? *Pues da vuelta a la página...*

EL OCÉANO EN TUS DEDOS

Las mismas tecnologías que te tientan a quedarte en casa revelan hechos asombrosos sobre la vida silvestre.

Ballenas, tiburones, atunes, elefantes marinos... Mientras lees esto, cientos de animales que viven en mar abierto mandan mensajes a los satélites. Unas etiquetas electrónicas pegadas a sus aletas reúnen información sobre temperatura del agua, profundidad y ubicación del animal. Investigadores en laboratorios y cafeterías de todo el mundo descargan los datos en sus celulares o computadoras y los usan para entender mejor cómo funcionan los océanos y los animales marinos.

¡Un nadador de maratones!

Los científicos han descubierto que muchos animales marinos migran a distancias mucho mayores de lo que pensaban. Trevor, un atún aleta azul del Pacífico, cruzó ese océano tres veces en sólo 12 meses: más que si le hubiera dado la vuelta al mundo. Los atunes aleta azul son gigantes de sangre caliente: pueden crecer tanto como una canoa y pesar tanto como todos los niños de tu salón. Pero lo que los hace famosos es su velocidad: cuando persiguen un rico bocado de anchoas, arenques, anguilas o calamares, alcanzan la velocidad de un coche: ¡100 kilómetros por hora!

¡Y también astrónomo!

Un gran tiburón blanco llamado Nicole nadó de Sudáfrica a Australia y de regreso, un viaje redondo de casi 20 000 km. Aunque con frecuencia estuvo en profundidades de un kilómetro o más, Nicole nadó casi siempre cerca de la superficie. Esto llevó a los investigadores a sospechar que los grandes tiburones blancos pueden orientarse por las estrellas. (¡Hey, me entró agua en los ojos! ¿Esa es la estrella Polar?)

Atún en la autopista, tiburones en la carretera

Lo emocionante de estos hallazgos no es sólo lo lejos o rápido que nadan algunas especies, sino lo predecible de sus rutas. Es como si viajaran por autopistas submarinas invisibles para nosotros. Saber adónde viajan los animales marinos es vital para conservarlos. Los barcos que llegan a Boston, Massachusetts, por ejemplo, ahora deben virar 6 km al norte de su vieja ruta para no chocar con las ballenas en peligro de extinción que viven en la primera reserva natural de ballenas en Estados Unidos.

Tráfico oceánico

La tecnología nos permite entender la vida en el mar de formas que serían imposibles sólo con los ojos. Si avistas una ballena jorobada desde la costa de Noruega, por ejemplo, probablemente irá sola. Pero desde las estaciones de escucha antisubmarinos de la marina los investigadores pudieron rastrear la ubicación de las ballenas usando imágenes computarizadas de sus voces, y las imágenes revelan que estas ballenas "solitarias" están viajando en grupos separados por distancias ¡de hasta 50 km! Resulta que las ballenas tienen un oído increíble, y se mantienen en contacto mediante el sonido. Las ballenas azules, por ejemplo, pueden comunicarse a través de un océano con el puro sonido.

Pero las ballenas, los atunes y otros animales marinos son bombardeados por el ruido de los barcos. Los buques tanque son bestias súper ruidosas. Si pones un hidrófono (micrófono submarino) en un corredor marítimo transitado, sonará tan fuerte como una autopista. Y cada año aumenta el tráfico de barcos. Tal vez la computadora de tu casa o escuela se haya fabricado y empacado en China. Cuando la tires, posiblemente regrese allá. En total, los productos que se envían por mar suman 100 millones de contenedores que cada año viajan por los océanos. Con tecnología, los investigadores pueden saber qué tan sensible es el oído de las ballenas y demostrar que el océano se está convirtiendo en un lugar más ruidoso. Así pueden defender mejor la necesidad de restringir las rutas marítimas y usar tecnologías que silencien los barcos.

¿Ballenas que no migran?

Los rorcuales son los segundos animales más grandes de la Tierra. Y son rápidos. Estos gigantes, apodados "los galgos del mar", viajan tan rápido como un auto en una zona escolar. Como casi todas las ballenas barbadas grandes, migran nadando hacia los polos cada verano para darse un banquete en las aguas frías y llenas de comida. Pero hace poco los científicos descubrieron algo muy raro: 400 rorcuales que viven en el mar de Cortés, en Baja California, México, y no migran. Tal vez termine siendo uno de los únicos lugares en la Tierra que producen suficiente comida para mantener a estos gigantes durante todo el año. Eso lo hace un lugar súper especial que hay que proteger.

¡¿Y arbustos que sí?!

Los videosjuegos usan grandes bases de datos para crear los mundos imaginarios en los que juegas. Los científicos usan bases de datos igual de grandes con información sobre especies y hábitats que ayuda a entender los cambios de nuestro planeta en el tiempo. Un estudio de bosques de montaña franceses reveló que el cambio climático hace que cientos de especies de plantas suban por las laderas. Espera... ¿arbustos que caminan? ¿Están locos? El ecosistema entero, no las plantas individuales, ha subido más de 18.5 m desde que naciste. Los arbustos efímeros y los pastos crecen más arriba en busca de temperaturas ideales, y los árboles longevos se quedan atrás, lo que nos hace más difícil entender lo rápido que están cambiando las cosas.

¡PIENSA RÁPIDO!
¡VIVE MÁS!

¿Qué juegos les van a gustar a tus tátara tátara tátara tataranietos?

¡Zap! Tus dedos súper veloces salvan el mundo virtual de tu consola de videojuegos de los alienígenas invasores. Gracias a las actualizaciones rápidas puedes reaccionar en un parpadeo durante un duelo de sables de luz. Los videojuegos y las búsquedas en internet te enseñan a esperar resultados en milisegundos. Pero también hay que saber cómo pensar en escalas de tiempo muy largas. Hay pueblos indígenas que lo llaman "pensar en siete generaciones": se trata de considerar el impacto de nuestras decisiones en quienes vivirán en la Tierra dentro de siete generaciones.

El lado oscuro de la tecnología limpia

Es esencial pensar en el futuro de la basura electrónica, porque los 22 a 55 millones de toneladas de consolas, televisiones, monitores y otros electrónicos desechados cada año contienen plomo, cadmio, mercurio y otras sustancias tóxicas. No tienes que preocuparte por ellos cuando están seguros dentro de tu compu o MP3, haciendo su trabajo, pero si quedan libres en el basurero, ¡cuidado! Son más malos que Darth Vader, y durarán lo suficiente para afectar la salud de tus tatara tatara tatara tatara tatara tataranietos (y hasta de tus hijos). Así que en vez de tirar la consola que te dieron en tu último cumpleaños (sí, ese vejestorio), busca en línea una tienda que recicle aparatos electrónicos. Algunas aceptan aparatos nuevos, usados o rotos a cambio de dinero, crédito en la tienda ¡o una donación a una buena causa!

bienvenido al 2051

©2014

40

¿Quieres trabajar con computadoras? Piensa en la basura

La Unión Europea o UE aprobó hace poco leyes muy estrictas que hacen que todos los fabricantes de equipos electrónicos se responsabilicen de recolectar y reciclar sus productos usados. Las empresas no pueden mandar esa basura electrónica a países con menos estándares ambientales y de salud. Y los países que no son de la UE cada vez tienen más presión para hacer lo mismo. ¿Qué significa esto para tu futuro? Para empezar, habrá muchas carreras nuevas en "TI verdes" (TI = tecnologías de la información). Podrías descubrir nuevos materiales que harían las computadoras menos tóxicas, por ejemplo. O diseñar sistemas más eficientes para convertir computadoras viejas en nuevas. Si lo tuyo es el derecho internacional, o te interesa diseñar y vender videojuegos o inventar computadoras que puedan usar luz solar, hay muchos empleos verdes esperándote.

¡Tu celular desaparecerá en 2... 1... 0 segundos!

Los tornillos pierden sus cuerdas y salen volando. Los ganchos se enderezan y desprenden otras piezas en el proceso. Los pegamentos se derriten. Los plásticos se convierten en polvo. Bienvenido al mundo del diseño para el desmantelamiento: hacer cosas que se rompen a propósito. En la carrera por diseñar mejores productos electrónicos reciclables, mientras más rápido se rompe algo, más rápido puede reciclarse y menos energía y dinero requiere. Nokia, un fabricante de celulares, diseñó el prototipo de un teléfono que se desarma en dos segundos. El proceso es activado por calor: le apuntas con un rayo láser y ¡POP!

Microbios que comen basura electrónica al rescate

Aunque son diminutas, las bacterias son héroes en la batalla contra la basura electrónica. Algunas lixivian (separan) plomo, cobre y estaño de los circuitos impresos. Otras pueden sacar aluminio, cobre, níquel, zinc y oro del polvo de la basura electrónica. Muchas personas creen que las bacterias tienen un enorme potencial para recuperar de forma segura los metales preciosos del polvo tóxico; es un método más limpio y seguro que la actual práctica común de derretir los monitores y otros aparatos electrónicos viejos.

VIDEOJUEGOS, TELÉFONOS CELULARES Y GORILAS

¿Tus juguetes electrónicos pueden afectar las selvas de África? *¡Descubre cómo!*

En todo el mundo hay millones de personas que usan videojuegos y teléfonos celulares.

Para fabricar estas consolas de video y aparatos populares como los reproductores de MP3 y las compus, se usa un mineral escaso llamado coltán.

¡NO!

La alta demanda de coltán crea una fiebre del oro moderna en el mundo. ¡Todos quieren más coltán!

PARQUE NATURAL KAHUZI-BIEGA TAMBIÉN HOGAR DEL G¡COLTÁN!A

EN ÁFRICA: Una de las fuentes más importantes de coltán está en el Parque Nacional Kahuzi-Biega, en la República Democrática del Congo.

El parque también es el hogar de muchos animales que viven en sus selvas tropicales, entre ellos gorilas de montaña y gorilas occidentales de tierras bajas.

Nuestro Coltán

Como el precio del coltán sube, mineros ilegales invaden el parque y amenazan la vida de los gorilas.

Los líderes rebeldes también luchan por el control del área. Hasta obligan a hombres, mujeres y niños pobres a extraer ilegalmente el coltán.

Las organizaciones de vida silvestre y de derechos humanos exigen que los fabricantes de computadoras sólo les compren coltán a las minas legales que tratan bien a la gente y a la vida silvestre.

MIENTRAS TANTO: Cada año se pierden millones de dólares de coltán y otros metales preciosos en computadoras y teléfonos que van a la basura.

2008: Se vendieron 1 200 millones de teléfonos celulares. Sólo se recicló el 1 %... mucho coltán a la basura. ¡Más reciclado = menos extracción dañina!

EUROPA: ¡Ya casi es la ley! Las empresas deben recoger los equipos usados y reciclarlos o tirarlos de formas amigables con el medio ambiente, así que...

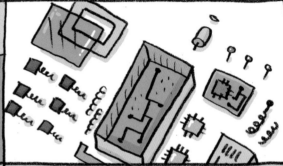

... muchas empresas están diseñando productos ¡que se desmantelan! Estos productos son más fáciles de desarmar, así que pueden reciclarse.

NORTEAMÉRICA: Los niños lanzan campañas escolares para reciclar los celulares viejos e intercambiar videojuegos con amigos en vez de comprar nuevos.

OTRAS PARTES DE ÁFRICA: Emma Stokes brinda esperanza a todos los simios. Ella encontró pistas de que hay 125 000 gorilas occidentales de tierras bajas en un área no explorada. Si otros estudios lo confirman, ¡se duplicaría su población estimada!

Reciclar tus videojuegos y celulares ayuda a contolar la demanda de coltán, ¡y a proteger el futuro de los gorilas africanos!

PLANETA VIEJO, NUEVAS IMÁGENES

Las computadoras, los satélites y las imágenes digitales revolucionan los mapas.

Desde el principio de la historia la gente ha dibujado mapas para entender el mundo y su lugar en él. Si hubieras vivido antes del siglo IV a. C. habrías dibujado una Tierra plana. El filósofo griego Aristóteles dibujó mapas con la Tierra en el centro del universo. Cristóbal Colón, el famoso explorador, llegó por error a América, en vez de a India, porque se basó en mapas que mostraban una Tierra mucho más pequeña de lo que realmente es.

Si encuentras un mapa viejo de tu vecindario puedes descubrir su historia. En Vancouver, por ejemplo, en los primeros mapas de las cuadras de la ciudad, ahora cubiertas con casas y escuelas, se dibujaron 50 arroyos en los que desovaban los salmones. Los mapas actualizados y confiables nos ayudan a entender nuestro lugar en el planeta.

Hoy puedes ver el mundo con un nivel de detalle y precisión que tus papás no habrían ni soñado a tu edad. Si entras a Google Earth, prácticamente puedes volar a cualquier parte del planeta. ¿Piensas viajar a los trópicos? Da clic en la imagen de satélite y podrás examinar el follaje de los bosques tropicales o hasta ver el que será tu hotel. Aparatos de GPS equipados con tecnologías de mapeo te hablan desde el tablero de tu coche y te guían hacia un restaurante o a casa de tu tía en una ciudad desconocida.

¿De verdad el mapa está al revés?

Al dibujar en los mapas dónde se congregan los animales marinos, dejamos de pensar en los océanos como bañeras llenas de agua y comenzamos a verlos como diferentes hábitats donde podemos encontrar unos animales y no otros, tal como ocurre en tierra. Cómo dibujemos el mapa del mundo humano también modifica nuestras ideas sobre la vida en la Tierra. Como ejemplo está un mapa con el Sur arriba, que dibujó Stuart McArthur de Melbourne, Australia, a los 12 años. Imprimió la primera versión oficial nueve años después. El mapa de Stuart nos recuerda que el Norte no tiene por qué estar arriba. La gente hizo así los mapas cuando los exploradores europeos empezaron a usar la estrella polar y el compás magnético (que apunta al Norte) para guiar sus barcos. Antes, lo que estaba arriba era el Este, que llamaban Oriente. De ahí viene la palabra "orientación", que significa saber dónde estás en relación con otras cosas.

Los animales con etiquetas nos conducen a tesoros

¿Recuerdas las etiquetas electrónicas en los tiburones y los atunes? Los datos de los sensores remotos permiten a los científicos cartografiar los océanos de formas nuevas y extraordinarias. En años recientes, equipos de investigadores han etiquetado más de 2 000 ejemplares de 22 especies de súper depredadores, como las ballenas, tortugas marinas, elefantes marinos y aves marinas que recorren el océano Pacífico. Al combinar los datos de cada individuo descubrieron focos de biodiversidad en el mar abierto. Como en los oasis de la estepa africana, allí se reúnen muchas especies. Su presencia mantiene redes alimentarias complejas. Pero a diferencia de los oasis en tierra, los focos de biodiversidad en los mares cambian de lugar.

El domo es donde

El Domo de Costa Rica es un ejemplo de uno de esos focos móviles. Es un área del océano Pacífico de unos 800 a 1 300 km al oeste de Costa Rica. Es difícil de hallar porque su ubicación cambia según los vientos, la temperatura del agua y las corrientes. Los investigadores pudieron encontrarlo, y reconocer lo importante que es protegerlo, usando tecnología computarizada para seguir animales sueltos hasta allí. Y lo que encontraron es asombroso: al rastrear ballenas azules (los animales más grandes de la Tierra y entre los más amenazados) hasta el Domo de Costa Rica, los investigadores descubrieron un lugar secreto en el que dan a luz a sus gigantescos bebés.

Aumentar la perspectiva

Los mapas te dejan ver el mundo a mayor escala que cuando caminas y observas las cosas cercanas. Esa habilidad de ver más allá de lo que pueden mostrarte tus ojos es muy valiosa en esta época, en la que lo que tú y yo y todos hacemos tiene un impacto colectivo tan grande. Comprar un videojuego no es dañino para el planeta, pero los 21 000 millones de dólares de videojuegos que se compraron el año pasado, sí. ¿Quieres saber cuánto daño hacen? *Da vuelta a la página.*

LOS PIES EN LA TIERRA

Hue-llas e-co-ló-gi-cas *(sustantivo)*

Mide cuánta capacidad ecológica tiene la Tierra y cuánta usamos.

Psssst... Oye, amigo, ¿tienes un planeta que te sobre?

Gracias a la habilidad de las computadoras para procesar cantidades increíbles de datos, tienes acceso a la información que necesitas para dibujar mapas que muestren dónde están las selvas tropicales, cuánta gente saca libros de la biblioteca o cuántos videojuegos tiene un niño promedio de cualquier país. Cualquiera que sea el mapa que dibujes, pronto resultará obvio que unas partes del mundo usan mucha más agua, comida, energía y cosas que otras.

Es muy difícil entender este concepto, pero la gente que vive en lugares como América del Norte usa tantos recursos que si todos vivieran así necesitaríamos más de un planeta Tierra para mantenernos. ¿Cuántos? ¡CINCO MÁS!
Y aunque nos ajustáramos al estilo de vida de un europeo promedio, necesitaríamos tres Tierras. Por supuesto, eso es imposible.

Si estamos usando los recursos de más de un planeta significa que otras personas, y otros animales, están recibiendo menos de lo que les corresponde. Hemos estado tomando recursos de las personas y las otras especies que vivirán en este planeta en el futuro cercano. Por ejemplo, los humanos talamos selvas tropicales más rápido de lo que pueden volver a crecer. Les estamos dejando a las generaciones futuras una deuda ecológica de deforestación, pérdida de suelos, extinción de especies y acumulación de CO_2 en la atmósfera. ¡Eso no es pensar en siete generaciones!

Mathis Wackernagel (siguiente página) y William Rees crearon una herramienta para contar recursos llamada huella ecológica, que ayuda a los países a llevar registro de los recursos que tienen y de los que están usando. Es como un presupuesto que nos dice dónde estamos gastando de más, por ciudad o país o por el planeta entero. La meta es crear nuevas formas de vivir bien y respetar los límites ecológicos de la Tierra. ¡Se trata de vivir en un planeta, no en cinco!

Podemos vivir de forma sustentable

Tal vez pienses que llevar la cuenta de la velocidad con la que usamos los recursos del planeta es un trabajo deprimente, pero Mathis no lo cree así. Él piensa que lograremos vivir de forma sustentable, y que tenemos las herramientas de negocios que necesitamos para hacerlo. Éstas son las preguntas importantes:

- ¿Cuántos recursos tenemos en realidad?
- ¿Cuántos usamos?
- ¿Cómo vivimos con el presupuesto que nos da la naturaleza?

Cada vez que un país se compromete a funcionar con el presupuesto de un solo planeta, todos ganamos.

¡CONOCE A UN EXPERTO!

Mathis Wackernagel

Cocreador de la huella ecológica
Director ejecutivo, Global Footprint Network, Estados Unidos

Cuando Mathis nació, hace 40 años, la humanidad usaba cerca de la mitad de la capacidad del planeta. Cuando nació su hijo, en el año 2000, los humanos usábamos como un planeta y cuarto. Cuando su hijo llegue a la edad de Mathis, según las predicciones más conservadoras de la ONU, usaremos el doble de la capacidad del planeta. ¡Eso tiene que cambiar!

PRECAUCIÓN:
NO ES SEGURO PARA NIÑOS O PARA EL TÍO PEPE...

Tal vez hayas visto calculadoras que te invitan a medir tu huella ecológica individual. Pero es muy difícil obtener una buena calificación (usar los recursos de menos de un planeta) si vives en América del Norte o Europa. El concepto de la huella ecológica está pensado para ayudar a los gobiernos, compañías y personas poderosas a contar correctamente cuánto le exigimos al planeta. A ellos les toca dejar la calculadora y empezar a poner en práctica los cambios necesarios para que adoptemos el tamaño correcto. El mensaje más importante para ti, personalmente, es que empieces a pensar sobre qué carga representas para el planeta y contribuyas a cambiar el régimen de cinco planetas que seguimos hoy.

Cinco cosas que Mathis cree que deberían hacer los gobiernos:

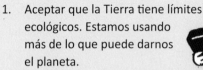

1. Aceptar que la Tierra tiene límites ecológicos. Estamos usando más de lo que puede darnos el planeta.

2. Establecer el objetivo de vivir por un solo planeta.

3. Llevar la cuenta. Usar herramientas como la huella ecológica para calcular nuestro crédito ecológico y qué tan rápido adquirimos deuda ecológica.

4. Ocuparse primero de lo que tomará más tiempo. Concentrarse en construir ciudades energéticamente eficientes, neutrales en carbono y sustentables, con un buen sistema de transporte público, porque una vez que se construyan esas infraestructuras, tardarán mucho en cambiar.

5. Dedicar todos los avances a ganar la carrera contra el tiempo para que la gente pueda vivir en la Tierra de forma sustentable.

Las tres GRANDES ideas de Mathis para vivir por un solo planeta

1. Sopesa lo que de verdad necesitas y lo que quieres.

2. Aprende a ser feliz con lo que tienes en vez de tratar de obtener más y más cosas.

3. Concéntrate en los grandes problemas, como qué tan eficiente es tu casa energéticamente, cómo vas a la escuela, con cuánta frecuencia tu familia usa el coche... en vez de preocuparte de cada una de tus acciones individuales pequeñas.

CAPÍTULO CUATRO

EL PODER DE LA GENTE

¡ENERGÍA QUE VIENE DE TI!

Una pedaleada más...
¡Llegaste! Detente a admirar la vista desde lo alto de la colina. ¡Oh, no...! ¿Ya sonó la campana?

¡Apuntas tu bici en dirección a la escuela y te dejas ir! Las bicis te pueden transportar muy rápido, y andar en bici hasta consume menos energía que caminar. Gracias a los carriles para bicicletas, los elevados impuestos para los autos, los altos precios de la gasolina y una actitud pro-bicicleta, la gente en Alemania, Dinamarca, Colombia y los Países Bajos va a la escuela en bici con más frecuencia que en Canadá o en México. En Ámsterdam las bicis ya les ganaron a los autos como el principal medio de transporte. Copenhague ofrece 2 500 bicis gratis en 125 estaciones por toda la ciudad, financiadas por la publicidad que llevan.

Por suerte, la presión para que las ciudades de América del Norte sean igual de amigables con las bicis rinde frutos. En San Francisco, por ejemplo, gracias a mejoras para que andar en bici sea más barato, rápido y seguro, la gente que decide pedalearle se ha duplicado en un par de años. Por primera vez en décadas, en Estados Unidos y Australia se compran más bicis que autos. La revolución de las bicis está transformando cómo concebimos el transporte en todo el mundo. Este año se fabricarán el doble de bicis que de autos.

Hace no mucho, las calles de China eran un enjambre de bicis. De hecho, casi todas las bicis que se venden en América del Norte se hacen allá. Pero en los últimos 30 años los autos se han apoderado de las calles, provocando embotellamientos y contaminación. Con todo, ahora China tiene un nuevo romance con las bicis. Las e-bicis —bicis eléctricas— no son más que máquinas impulsadas por pedales con un motor eléctrico que te ayuda a subir pendientes. Hay más de 100 millones de bicis eléctricas en China: ¡cuatro veces más que autos particulares!

Son buenas noticias para la gente y el planeta, y aún hay más. La misma energía que te lleva en tu bici puede impulsar el mundo de formas que jamás imaginaste. Alumnos de arquitectura en Massachusetts ganaron hace poco una competencia internacional por inventar una silla que transfiere la energía de sentarse en energía para encender cuatro LED (diodos emisores de luz). Si aumentas la escala para recolectar la energía de los traseros de miles de entusiastas del beisbol que saltan en las gradas, ¡podrías iluminar el estadio! ¿Quieres conocer diseños de bicis ecológicas o formas de reproducir tu música favorita tamborileando con los dedos? *¡Da vuelta a la página, encanto!*

¡CULTIVAR TU PROPIA BICI?

Éstos son mis tomates, mis rosas, y por aquí... ¡planté mi nueva bicicleta!

¿Puedes sostener tu bici por encima de tu cabeza? ¡No es nada fácil! La mayoría de los cuadros de bicicleta están hechos de acero, que es tan fuerte y pesado que también se usa para sostener casas y rascacielos. El acero es uno de los materiales más usados, y está hecho de hierro, el elemento más común en la corteza de la Tierra. Aunque pedalear en la bicicleta es un esfuerzo humano, se necesitan muchas otras clases de energía para hacer un típico cuadro de bicicleta de acero: electricidad para los taladros y palas gigantes que extraen el mineral de hierro, y combustible diésel para los camiones que lo transportan. Se necesita piedra caliza—que se extrae de una cantera y se tritura— para quitar las impurezas del hierro. El carbón —que se extrae en minas a cielo abierto— calienta los hornos que convierten el hierro en acero. ¿Pero qué tal que te ahorraras todo eso y mejor cultivaras bicicletas?

Eso es justo lo que hace Craig Calfee: fabrica bicis de bambú. Se le ocurrió la idea al ver cómo su perra, Luna, trataba de masticar un duro trozo de bambú que crecía atrás de su tienda de bicicletas en Santa Cruz, California. Se preguntó si esa planta de crecimiento súper rápido sería lo suficientemente fuerte para volverse una bici. Diez años después, su compañía produce cada año cien elegantes bicis de carrera hechas de bambú. También trabaja con organizaciones en Ghana, África, para hacer talleres de construcción de bicis en comunidades pobres donde hay suficiente bambú para que la gente haga las suyas.

¡Come vidrio! ¡Anda en bici! ¡¿Un panda gigante?!

El bambú también es llamado pasto de vidrio porque tiene mucho sílice, uno de los minerales que forman el vidrio. Tal vez pienses que el vidrio es frágil, pero, gracias al sílice, es bastante fuerte. Por eso se rompe en vez de doblarse y es tan difícil rayarlo. Por el sílice, el bambú es lo bastante fuerte para convertirse en un cuadro de bicicletas, pero sus duras astillas cortarían el estómago de casi cualquier animal si tratara de comerlo. Gracias a un moco realmente baboso que recubre sus vísceras, los pandas gigantes pueden comer trozos de bambú sin dañarse. Otra conexión sorprendente con las bicis: aunque hoy la prioridad es criar a estas especies protegidas, en los circos del pasado había pandas gigantes que andaban en bicicleta.

¿Con qué construirías una bici ecológica?

El bambú no es la única opción. Aquí hay algunos ejemplos recientes de lo que están experimentando los fabricantes de bicis, para que despierte tu vena creativa:

¿Cartón? Un estudiante inglés de 20 años de edad creó una bici barata y totalmente reciclable hecha de cartón industrial. ¿Costo? 30 dólares. ¡Pero no la dejes en la lluvia!

¿Madera? Hace unos 150 años las bicis antiguas con ruedas de madera saltaban tanto que las llamaban "sacudehuesos." Las bicis de madera que hoy hace una empresa de diseño austriaca son tan refinadas que les darían tres vueltas a esos viejos modelos.

¿Plástico reciclable? ¿Recuerdas el polipropileno reciclable usado para hacer las chamarras de *fleece* de la página 14? Un joven diseñador industrial de California usó el mismo material para hacer una bici reciclable 100% funcional.

¿Una pila? En 2009 se vendieron en todo el mundo 23 millones de bicis eléctricas con motores que usan baterías, y se espera que en 2012 se duplique esa cantidad. Los entusiastas dicen que son silenciosas, no contaminan y provocan menos tráfico en ciudades atestadas. Los críticos apuntan que sería mejor que usaran una alternativa ecológica a sus baterías de plomo actuales.

Aquí está la pila de composta para mi casco

Los amantes del ciclismo adoran sus cascos. Si chocas y golpeas una superficie dura, la espuma que hay en tu casco se aplasta, lo que controla la energía del choque y le da a tu cabeza 6 milésimas de segundo más para detenerse. Eso es suficiente para reducir lo peor del impacto y prevenir cerca del 85% de las lesiones de cabeza. Los cráneos de los dinosaurios con cabezas abombadas funcionaban igual. Cuando dos paquicefalosaurios decidían pelear y chocaban cabezas, sus cráneos se comprimían y rebotaban, y eso evitaba que su cerebro se dañara.

Los diseñadores de cascos también siguen la tendencia ecológica. Puedes encontrar en internet instrucciones para crear un casco solar que se carga con pilas. Las pilas dan energía a unas linternas que te guían en la noche. Un fabricante italiano de cascos recicla el vapor que se emplea en expandir la espuma de sus cascos al convertirlo en calefacción para sus instalaciones. Las rebabas del armazón plástico de los cascos se muelen para fabricar más plástico. Nadie ha inventado aún un casco que pueda descomponerse en una pila de composta, pero ya son más comunes las espumas y los plásticos derivados del maíz, así que es hora de intentarlo. Considera todos los requisitos —fuerte, ligero, seguro, atractivo, compostable— ¡y proponte ser el primero en diseñarlo!

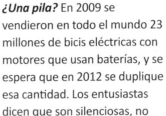

SER HUMANO, HACER HUMANO

La gente tiene energía, y hay nuevas tecnologías que pueden transformarla.

¡Salta! ¡Muévete! ¡Brinca! En Rotterdam hay una nueva pista de baile que transforma la energía de los bailarines en electricidad que alimenta las luces del lugar. Si empujas las puertas giratorias de una estación de tren en Holanda ayudarás a iluminar las entradas. Si te subes a una máquina ejercitadora en ciertos gimnasios nuevos puedes oír música que funciona con tu energía. Los relojes cinéticos automáticos se recargan con los movimientos de tus brazos al caminar. Hay máquinas de helado estilo yoyo que baten ricos postres con giros de tu muñeca. Las lavadoras a pedales ofrecen ropa limpia y trabajos locales en pueblos de Perú. En muchas partes del mundo se puede escuchar la radio o encender una linterna accionando una manivela.

Estos inventos son sólo el principio. Hay una nueva generación de cosechadores de energía personales y grupales que piensan en formas de aprovechar la energía ecológica producida por los cuerpos humanos. ¿Qué tanta energía, exactamente? Es cierto que una sola persona no produce mucha: un paso nada más puede encender dos focos de 60 watts por un breve segundo. Pero combina la energía de 30 000 pasos en el mismo segundo y habrá energía para mover un tren. ¡Vale la pena aprovecharla!

Imagina un mundo en el que nuestro cuerpo o las cosas que hacemos con él sirvieran para hacer funcionar cosas de modos nuevos. ¡La tecnología ya está en camino!

Que los espectadores que suben las escaleras de los estadios hagan funcionar los proyectores.

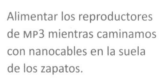

Alimentar los reproductores de MP3 mientras caminamos con nanocables en la suela de los zapatos.

Usar paneles solares en la ropa para cargar las baterías cuando jugamos en un día soleado.

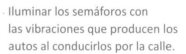

Iluminar los semáforos con las vibraciones que producen los autos al conducirlos por la calle.

Eres tu propia planta de energía...

Cuando caminas rápido generas más de 60 watts de energía. Tamborilear con tu dedo crea 0.1 watt. Tu respiración y los movimientos de tus brazos producen un watt cada uno. Muchas de las conversiones de energía en tu cuerpo, como las vibraciones de tus cuerdas vocales, suceden a escalas tan diminutas que los investigadores las miden en nanómetros (una millonésima de milímetro). Los investigadores están creando pequeños generadores (nanogeneradores) que usan esa energía para alimentar dispositivos dentro del cuerpo. Tal vez pronto los marcapasos y otros aparatos médicos funcionen con electricidad creada por el flujo de tu sangre.

¡Y otros animales también!

En 2009, investigadores de Georgia fabricaron ropa para hámster equipada con nanocables y pudieron almacenar la energía que generaban las vueltas y los movimientos del animal cuando corría por su rueda. Claro, es una cantidad diminuta de energía, pero los investigadores dicen que hasta el movimiento más minúsculo puede producir corrientes eléctricas. Si usaran suficientes nanogeneradores, los ingenieros podrían eliminar la necesidad de que las computadoras y otros dispositivos portátiles usen baterías.

Claro que también hay animales sorprendentes que de hecho ya producen electricidad, como las anguilas eléctricas. Si una anguila quisiera calentar su comida, por ejemplo, podría generar suficiente energía para que funcione un microondas. En Japón, Canadá y otros países hay acuarios que están aprovechando esa electricidad animal: celebran la Navidad con un arbolito cuyas luces se prenden con ella.

PODER HÁMSTER

QUÉ TIENEN QUE VER LOS PINGÜINOS CON TU BICI

Lo que pasa en las calles afecta los océanos del planeta. *¡Ésta es la historia!*

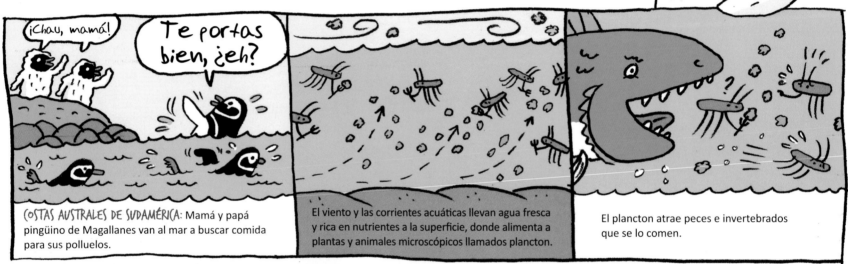

¡Chau, mamá!

Te portas bien, ¿eh?

COSTAS AUSTRALES DE SUDAMÉRICA: Mamá y papá pingüino de Magallanes van al mar a buscar comida para sus polluelos.

El viento y las corrientes acuáticas llevan agua fresca y rica en nutrientes a la superficie, donde alimenta a plantas y animales microscópicos llamados plancton.

El plancton atrae peces e invertebrados que se lo comen.

Luego los pingüinos atrapan estas criaturas marinas para alimentar a sus polluelos.

ARRIBA EN EL CIELO: El dióxido de carbono, o CO_2, es un gas que retiene el calor del sol y conserva nuestro planeta tibio y agradable.

CALOR EN CAJA

PERO: En todo el mundo hay autos y plantas eléctricas que inyectan cantidades anormales de CO_2 en la atmósfera.

El océano se calienta porque el CO_2 extra en la atmósfera retiene más y más calor del sol.

El cambio climático hace que la productividad del océano sea más variable. Para los pingüinos de Magallanes es más difícil hallar comida.

Los científicos descubrieron que si un pingüino adulto tiene que ir muy lejos para encontrar comida, sus polluelos pueden morir de hambre. ¡Oh, no!

MIENTRAS: Los gobiernos protegen a las aves marinas y otros animales prohibiendo pescar en ciertos lugares. Son como los parques nacionales en tierra: ayudan a conservar el hábitat marino.

EN TU COMUNIDAD: ¡Pero espera! ¡Tú y tu bici también pueden ayudar!

Las bicis son los mejores vehículos verdes: son 0 % contaminantes. Son buenos para tu cuerpo y mejores para el ambiente, porque no queman ningún gas para funcionar, así que ¡nada de CO_2!

Para alentar el uso de la bici, países como Alemania, Dinamarca, Colombia y los Países Bajos construyen carriles seguros para bicicleta y cobran impuestos muy altos a los coches.

En los atestados suburbios de Tokio hay torrres para bicicletas que usan brazos robóticos para estacionar las de los que viajan en metro. La gente recoge sus bicis cuando regresa a casa.

Así que la próxima vez que te subas a una bici, recuerda: ¡los pingüinos te agradecen que ayudes a mantener fresca su agua!

TU CUERPO PUEDE IMPULSAR EL PLANETA DE FORMAS AÚN MÁS SORPRENDENTES

Guácala... Suena un poco asqueroso, pero generar energía a partir de la caca y la pipí no es una broma. Ya se está haciendo, ¡y de hecho es una gran idea!

El poder del biogás se extiende por el planeta. En ciudades europeas importantes hay plantas de gran tamaño que llevan calor y electricidad a miles de hogares, y en comunidades rurales de Asia y África están apareciendo unidades de biogás tamaño familiar. En China 20 millones de hogares usan el biogás para cocinar, y el gobierno trabaja arduamente para aumentar esa cantidad. De las fábricas salen autos de biogás diseñados para el mercado europeo que funcionan muy bien: un Audi A4 rompió un nuevo récord de velocidad para un auto de carreras convertido a biogás: ¡365 kph!

En Trollhattan, Noruega, biogás de alcantarillas y tripas de pescado impulsa los autobuses.

POPÓ
POPÓ XPRESS

Luten, Alemania, se convertirá en la primera comunidad que incluya el biogás en los sistemas de la ciudad para llevar electricidad y calefacción baratas y sustentables a unos 25 000 residentes.

Una cárcel en Ruanda ganó un premio ambiental internacional por generar su propia electricidad usando gas metano de los retretes.

Los desechos que tiras por el escusado en un año producirían biogás para manejar 120 km. La caca contiene naturalmente bacterias que liberan metano, uno de los gases de efecto invernadero relacionados con el cambio climático.

BIO-HIDRO
EL PODER DE LA CACA
¡PARA TI!

En la ciudad india de Thiruneermalai los desechos humanos generan electricidad para el alumbrado público.

CAFETERÍA BOÑIGA

En India, máquinas llamadas digestores convierten los desechos de una familia de cuatro en gas suficiente para cocinar su comida.

¡COCINAMOS CON POPÓ!

CENA
COMIDA
DESAYUNO

¡BIENVENIDO!

Je, je.

En Suiza se atrapa el metano de más de 450 plantas de tratamientos de desechos (¡fuchi!) para hacer biogás (¡yei!) que calienta casas y lleva electricidad a las ciudades.

Y también tu perrito

En San Francisco hay quien experimenta con formas de convertir la caca de perro en combustible. Una tonelada de caca de perro (¡fuchi!) produce suficiente combustible para calentar una casa por dos semanas. Imagina la energía que podrían desatar los 10 millones de toneladas de caca de perro y gato (¡súper fuchi!) que producirán este año las mascotas en Estados Unidos.

¡O hasta un elefante!

Los zoológicos saben bien que lo suyo es la caca y la pis. Un solo elefante, por ejemplo, produce cerca de 200 kg al día. De Toronto a Dallas y Copenhague, los zoológicos de las principales ciudades del mundo están en la carrera por generar más energía propia usando los excrementos de sus animales exóticos.

Pero cuidado con las flatulencias y los eructos

Se ven lindas y adorables, pero las vacas y las ovejas tienen su lado oscuro. Júntate con una de ellas en una granja y podrás echarle una olfateada al problema..

Una vaca puede expulsar de **90 a 180 kg de metano** (otro gas de efecto invernadero) al año **x 1 500 millones de vacas + 1 000 millones de ovejas** (todas las que viven en la Tierra) **+ DEFORESTACIÓN** de bosques tropicales para cultivar comida para ellas **+ COMBUSTIBLES FÓSILES** para llevarlas al mercado **= MÁS emisiones de gases de efecto invernadero** que la **SUMA** de todos los coches, barcos y aviones.

Los científicos dicen que comer menos carne, igual que andar en bici, es una buena forma de mantenerte sano y cuidar el planeta.

LUZ ECOLÓGICA PARA EL MUNDO

En Estados Unidos casi toda la electricidad se genera con combustibles fósiles, como carbón, gas natural y petróleo. Cuando se queman, estos combustibles emiten CO_2 y otros gases que contribuyen al cambio climático. Lo bueno es que hay formas mucho más verdes de hacer funcionar nuestro mundo. La gente que vive cerca de las cataratas del Niágara en Canadá y Estados Unidos, por ejemplo, ha iluminado sus casas y oficinas con energía hidroeléctrica durante décadas. Cada vez más gobiernos cuestionan que las tecnologías basadas en petróleo, gas y carbón sean soluciones únicas, y están buscando fuentes de energía en sus propios territorios.

Volcanes: La energía de las rocas calientes hace funcionar casas y restaurantes, y proporciona el agua caliente que mantiene tibias el 95 % de las casas islandesas.

Agua: Casi el 60 % de la electricidad que se produce en Canadá es de origen hidroeléctrico.

Sol: El cielo en Alemania muchas veces es gris, pero genera más de la mitad de la energía eléctrica solar del mundo (¡no olvides tu bloqueador!).

Viento: La quinta parte de la electricidad de Dinamarca viene de aerogeneradores. Los daneses quieren que sea el 50 %.

Mareas: En 2008 Irlanda del Norte y Escocia usaron por primera vez energía de las mareas para iluminar los hogares; por eso el Reino Unido es apodado "la Arabia Saudita de la energía marina".

Nuclear: Francia produce tanta electricidad en sus plantas nucleares que exporta el 18 % a otros países europeos.

Combustible de papas: Gracias a un sencillo paquete de conversión que permite que los autos a diésel usen aceite vegetal, en todo el mundo hay autos que aprovechan los desechos de los restaurantes de comida rápida (ah, el poder de una humilde papa).

Alcohol: Un tren sueco y más de la cuarta parte de los autobuses de Estocolmo usan alcohol confiscado en la frontera. En vez de tirarlo por el caño, los funcionarios lo mandan a una fábrica que lo mezcla con agua, aguas negras y restos de animales para crear biogás. Suecia se ha comprometido a ser en 2020 el primer país que no use petróleo.

IDEAS BRILLANTES

Diles "buenas noches" a las luces nocturnas

Tal vez creas que las luces que iluminan nuestras ciudades de noche ayudan a las aves migratorias a ver por dónde van, pero muchas aves, especialmente las jóvenes en sus primeras migraciones, se sienten atraídas y confundidas por las luces de las ciudades. Millones terminan chocando con rascacielos (¡auch!). Toronto y Nueva York atenúan las luces de algunas torres de oficinas durante las migraciones para darles a las aves rutas seguras. En un pueblo alemán los habitantes apagan la ciudad, y cuando necesitan ver por dónde van encienden una luz usando un código que activan con sus teléfonos celulares. Si invitamos a otras ciudades a hacer lo mismo salvaremos millones de aves y ahorraremos energía.

¿Puedes cambiar el foco... cuando acabes la universidad?

Como muchas familias, es posible que este año cuelgues luces LED de Navidad para guiar a Santa y a su trineo. Los focos LED pueden durar 30 000 horas o más, así que tal vez nunca vuelvas a cambiar la luz roja en la nariz de Rodolfo el reno. Aunque los dejes encendidos ocho horas al día, los focos LED pueden durar 10 años o más. Investigadores de la Universidad de Purdue descubrieron hace poco cómo hacer focos LED tan baratos como los focos fluorescentes compactos. Cuando lleguen al mercado nos acostumbraremos a cambiar los focos una vez por década.

Pregunta: *¿Cuántas personas se necesitan para cambiar un foco?*

Respuesta: *300: una para sostener el foco en su lugar y 299 para darle vueltas a la casa.*

Últimamente muchos gobernantes tratan de resolver un acertijo de la vida real: cómo cambiar los focos. Esto es así porque los focos comunes son devoradores de energía: desperdician el 95 % de la electricidad en forma de calor, y esto sigue igual desde que Thomas Edison los lanzó al mercado hace 140 años. En 2007, Australia se volvió el primer país en prohibir el uso de focos incandescentes. La Unión Europea, con 500 millones de habitantes, y Canadá y Argentina han anunciado que planean hacer lo mismo. A principios de 2009, más de 40 países se comprometieron a imitarlos. Si cada hogar de Estados Unidos reemplazara un solo foco incandescente por uno de alta eficiencia energética, ahorraría luz para iluminar más de 2.5 millones de hogares al año y evitaría gases de efecto invernadero equivalentes a las emisiones de casi 800 000 autos. Si todos en la tierra nos unimos, reduciremos la demanda de electricidad para iluminación casi a la mitad.

CONOCE A UNA ALEGRE INVESTIGADORA SUSTENTABLE

Catherine O'Brien

Universidad Cape Breton, Canadá

Imagina que caminas por tu lugar ideal para vivir. ¿Cómo se ve? ¿Cómo suena y se siente? Son preguntas sobre las que Catherine O'Brien piensa mucho. Ella estudia lo que hace felices a las personas y cómo podemos vivir de formas que la Tierra pueda tolerar. Invitó a gente de todo el mundo a compartir sus ideas sobre qué hace que un lugar sea maravilloso.

ESTO ES LO QUE DIJERON →

LAS DIEZ CUALIDADES PRINCIPALES DE LOS LUGARES MARAVILLOSOS:

1. Agradables para caminar o andar en bici.
2. Tranquilos.
3. Hermosos.
4. Atractivos para niños, adultos y ancianos.
5. Mucha naturaleza y espacios verdes.
6. Acogedores.
7. Sonidos de agua, viento, silencio, gente que habla y aves.
8. El olor de la tierra, el agua, las flores y la comida.
9. Un lugar perfecto para relajarse.
10. Innumerables oportunidades para acampar, remar, hacer jardinería, caminatas, nadar, dormir la siesta o simplemente pensar.

Una maravillosa comunidad sustentable (la favorita de Catherine):

"La Universidad Descalza, en Rajastán, India, es un gran ejemplo de lugar donde se preguntó '¿Cómo podemos cambiar por completo el sistema educativo para mantener a las comunidades de esta región tan pobre?'. Todo el campus funciona con energía solar. Recolectan agua de lluvia y cultivan comida orgánica. Doctores descalzos atienden la salud de los más pobres en lo más pobre de la región. Juntos crearon un programa que aumenta el bienestar de la gente, las comunidades, el medio ambiente y la siguiente generación."

Catherine es la primera persona que relaciona el estudio de la felicidad con las formas en que podemos conservar la Tierra. Así define este nuevo campo de investigación:

A·le·grí·a sus·ten·ta·ble (sustantivo)

Alegría que contribuye al bienestar individual, comunal o global y no explota a otras personas, al medio ambiente ni a las generaciones futuras.

¿Quién es la persona más feliz que conoces?

Catherine les pide a sus alumnos que piensen en la persona más feliz que conozcan y los manda a entrevistarla. Proponte la misma tarea. Lo más probable es que descubras que la felicidad no es producto de la riqueza: la generan las relaciones afectivas, las actividades significativas y tener una meta en la vida. Son buenas noticias para el planeta, porque una de las principales razones por las que estamos agotando tan rápidamente los bosques, los ríos y el petróleo es que la gente ha estado tratando de comprar felicidad adquiriendo más y más cosas... pero sin éxito.

¿Cómo estudias la felicidad cuando estás de mal humor?

¡No es fácil! Pero Catherine dice que mientras más estudias la felicidad, más fácil te das cuenta cuando andas gruñón, y no te quedas así. "Estar enojado no se siente bien, pero para algunos es una experiencia tan común que ni la notan —dice—. No saben que en realidad es su decisión".

El pronóstico de Catherine para la próxima década

Los ingenieros de transporte, que diseñan nuestras formas de viajar por la ciudad, casi nunca consideran cómo la ubicación de una calle determina a qué lugares pueden ir los niños, o si hará más felices a las personas. Al mismo tiempo, cada vez nos preocupa más que los niños no hagan suficiente ejercicio y tengan sobrepeso. Catherine ve que más profesionales de la salud pública asisten a reuniones sobre transporte, y mayor investigación sobre felicidad se aplica al diseño de ciudades. Cree que en diez años, más países medirán el bienestar de sus ciudadanos y la sustentabilidad de su medio ambiente con herramientas como el Índice de Progreso Real.

¿Qué te hace feliz?

¿Caminar bajo la lluvia? ¿Andar en patines? ¿Cobijas calientes? ¿Abrazar a tu perro? ¿Ver mariposas? Tómate el tiempo para disfrutar esas cosas y llena tu vida de experiencias maravillosas.

¡Cuando crezca quiero ser rico!

Es obvio, ¿no? ¿Pero de veras eso quieres? ¿Y qué quiere decir "ser rico"? Si significa tener más dinero que otros, probablemente eres más rico de lo que pensabas. Si tu familia gana más de 4 000 dólares al año eres más rico que 85% de las personas del planeta. Casi la mitad del mundo —más de 3 000 millones de presonas— vive con menos de 2.50 dólares al día.

Según un equipo de científicos de la Universidad de Columbia Británica, regalar dinero de hecho te hace sentir mejor que comprar algo para ti mismo. ♥

PLANETA FELIZ, VIDA FELIZ

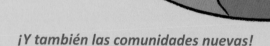

En todo el mundo hay niños con grandes ideas sobre cómo vivir felices en un planeta feliz. Optar por un estilo de vida que se adapte a un solo planeta y que no consuma más recursos de los que nos tocan es gran parte de la respuesta. También reparar el daño que ya está hecho. Cada dos años, cerca de mil niños de tu edad, de más de 100 países, se reúnen para compartir sus soluciones para lograrlo. Uno de ellos es Felix Finkbeiner; él fundó Planta para el Planeta Alemania en 2008, cuando tenía 9 años. Para finales de 2009, miles de niños de casi 500 escuelas de Alemania habían plantado un millón de árboles. Su próxima meta es plantar un millón de árboles en cada país de la Tierra. Pero lo que más motiva a Felix es aprovechar lo que le interesa a la gente para crear conciencia sobre temas más complicados, como la justicia climática y el comercio de emisiones de carbono.

Viejas ciudades eligen soluciones de un solo planeta...

Los habitantes de Curitiba, Brasil, reverdecieron su ciudad plantando 1.5 millones de árboles y resolvieron los problemas de inundación desviando el agua hacia lagos artificiales.
Les pagan a los pobres para mantener limpios los parques y recompensan a la gente de los barrios pobres que lleva a reciclar su basura con boletos de autobús o huevos, leche, naranjas o papas de granjas locales. Curitiba recicla dos tercios de su basura, una de las tasas más altas del mundo. A los constructores les bajan impuestos si sus proyectos incluyen áreas verdes. Las rutas para bicicleta y un sistema de autobuses eficiente y bien usado conectan toda la ciudad.

¡Y también las comunidades nuevas!

También están surgiendo comunidades nuevas, como BedZed en Londres, Inglaterra. Son lugares especiales que usan una planeación de un solo planeta desde su origen, y se aseguran de que todo, desde la comida en los platos de sus habitantes hasta sus trabajos, esté diseñado para ser sustentable y no emitir gases de efecto invernadero. La "ecociudad más grande del mundo", Ciudad Masdar, se construye en los Emiratos Árabes Unidos, y promete ser la primera ciudad de la Tierra con cero desperdicios, cero carbono. Al construir viviendas de alta densidad, donde la gente vive muy junta en rascacielos, por ejemplo, la ciudad de Vancouver está reduciendo su huella ecológica y hace más fácil que la gente camine a parques, guarderías, cines, centros deportivos y a sus trabajos. En todo el mundo hay comunidades admirables que están imaginando cómo es vivir de forma sustentable en su propia casa, con resultados muy reales e inspiradores.

¿Qué ideas tienes para vivir una vida feliz en un planeta feliz?

La sociedad humana cambió más en el último siglo que en los 10 000 años anteriores, gracias a la energía del petróleo y el gas. Ahora que se acaban las fuentes de petróleo y aumenta la preocupación sobre el cambio climático y otros problemas ambientales, tú y tus amigos tendrán nuevas ideas sobre cómo pueden vivir de formas que la Tierra pueda soportar. ¿Te imaginas el fin de la guerra y las armas nucleares? ¿O quizá tienes una visión más sencilla, como huertos de vegetales en los patios delanteros de las casas? ¿O casas diseñadas para que las refresquen los árboles y las caliente el sol, en vez de aires acondicionados y calefacciones? ¿Qué tal nuevos enfoques para la agricultura que permitan que prosperen tanto los cultivos como los animales salvajes?

Lo que imaginemos y nuestra manera de realizarlo influirá mucho en cómo funcione nuestro planeta el siglo que viene. Cuando tengas 30 años, la mitad de los edificios en América del Norte se habrán construido durante tu vida. En los próximos 12 años, China construirá tantas casas, edificios y fábricas como hay en Estados Unidos. Como dice Hal Harvey, experto en cambio climático, "no hay que construir edificios tontos: si construimos comunidades eficientes energéticamente, como Copenhague, en Dinamarca, ya ganamos".

ELIN ES OPTIMISTA, Y TÚ TAMBIÉN

Lamento llegar al final de este libro; me gustó mucho escribirlo, aunque, la verdad, no siempre me la pasé bien, porque es deprimente investigar sobre cosas espantosas como la basura electrónica o la contaminación por plásticos. A pesar de eso, me sentí muy inspirada. En todo el planeta ocurren cambios positivos. La gente cambia el mundo mediante nuevas tecnologías (¡recuerda el poder de la caca!), o lo hacen aprobando leyes, como las que se están aplicando en EU para reducir la basura electrónica. Algunos, como Luke, el chef local, encabezan el cambio con su ejemplo. Otros desarrollan nuevos enfoques, como el concepto de economía ecológica, para pensar de formas novedosas el valor que asignamos a la Tierra. Hay infinitas opciones para que tú, yo y todos creemos una vida feliz para nosotros y millones de otras especies. Anda en bici. Comparte cosas. Juega al aire libre. Come menos carne. Haz locuras. Juega más. Escoge un tema y comprométete a cambiarlo, aunque sea un poco. Recicla los celulares. Sigue jugando. ***¡Reduce. Reimagina. Regocíjate!***

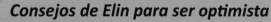

Consejos de Elin para ser optimista

- Date mucho tiempo para imaginar, crear y jugar.
- Aprende tanto como puedas... ¡todos los días!
- Trata de vivir por un solo planeta y pídeles a tus parientes y amigos que te ayuden.
- Sé tan amable contigo mismo como lo serías con un amigo.
- Cuando estés triste, celebra las cosas que disfrutas.
- Defiende las cosas que te importan y siéntete orgulloso de ti mismo por ser valiente.

ÍNDICE TEMÁTICO

Elin agradece a las decenas de científicos que amablemente compartieron su conocimiento para crear este libro. Gracias especiales a la gente maravillosa del Writers' Trust de Canadá y a Berton House, donde surgió. Gracias también a los talentosos profesionales de Owlkids Books, las inteligentes personas del Acuario Monterey Bay, los optimistas de Worldchanging.com y a los sabios niños de la escuela Robert Down. Abrazos a Andy, Kip y Esmé por sus grandes ideas y constante inspiración.